Beiträge zur Erziehungshilfe   10

Der Hilfeplan nach § 36 KJHG

Der Hilfeplan nach § 36 KJHG

Eine empirische Studie
über Vorgehen und Kriterien seiner Erstellung

Herausgegeben von
Franz Petermann und Martin Schmidt
im Auftrag des Deutschen Caritasverbandes
und des Verbandes katholischer
Einrichtungen der Heim- und Heilpädagogik

Erarbeitet von Peter Flosdorf, Erika Hohm,
Antje Holländer, Heinrich Hölzl, Eckhart Knab,
Kirsten Lund, Michael Macsenaere,
Heribert Mörsberger,
Franz Petermann & Martin Schmidt

2. erweiterte Auflage

Lambertus

Diese Publikation ist mit Mitteln des Bundesministeriums für Familien, Senioren, Frauen und Jugend gefördert worden.

Die Deutsche Bibliothek – CIP-Einheitsaufnahme

Der Hilfeplan nach § 36 KJHG : eine empirische Studie über Vorgehen und Kriterien seiner Erstellung / [hrsg. vom Verband Katholischer Einrichtungen der Heim- und Heilpädagogik e. V.] Hrsg. von Franz Petermann und Martin Schmidt im Auftr. des Deutschen Caritasverbandes und des Verbandes Katholischer Einrichtungen der Heim- und Heilpädagogik. Erarb. von Peter Flosdorf ... 2., erw. Aufl. – Freiburg im Breisgau : Lambertus, 1995
   (Beiträge zur Erziehungshilfe ; 10)
   ISBN 3-7841-0788-5
NE: Petermann, Franz [Hrsg.]; Flosdorf, Peter; Verband Katholischer Einrichtungen der Heim- und Heilpädagogik; GT

Herausgegeben
vom Verband katholischer Einrichtungen der Heim- und Heilpädagogik e.V.
Postfach 420, 79004 Freiburg
© 1995, Lambertus-Verlag, Freiburg im Breisgau
Herstellung: Druckerei F. X. Stückle, Ettenheim
ISBN 3-7841-0855-5
ISSN 0932-6960

Inhaltsverzeichnis

Vorwort

Jugendhilfe muß angesichts der sich ständig verändernden Lebenslagen junger Menschen bestrebt sein, ihre Ziele, Inhalte und Methoden regelmäßig zu überprüfen, um tatsächlich jene Leistungen erbringen zu können, die Kinder, Jugendliche und deren Familien suchen und auf die sie einen Anspruch haben. Eine besondere Bedeutung hat in diesem Zusammenhang die Praxisforschung. Sie geht der Frage nach, ob die angestrebte Wirkung mit den eingesetzten Mitteln tatsächlich erreicht wird, welche Bedingungen der Zielerreichung förderlich sind und welche Barrieren überwunden und beseitigt werden müssen.

Der Fachausschuß „Praxisforschung" des Verbandes katholischer Einrichtungen der Heim- und Heilpädagogik hat sich intensiv mit diesen Fragen befaßt und bei der Vorbereitung einer entsprechenden Studie die Notwendigkeit herausgearbeitet, zunächst entsprechende Meßinstrumente zu entwickeln, die einen Vergleich unterschiedlicher Formen der Erziehungshilfen in objektivierter Form ermöglichen. Als Ergebnis dieser Bemühungen wurde die vorliegende Untersuchung konzipiert, mit der das Vorgehen bei der Erstellung des Hilfeplans gemäß § 36 KJHG analysiert, die dabei entwickelten Kriterien benannt und das Gesamtverfahren als Forschungsbericht dokumentiert wird. Die Projektträgerschaft wurde vom Deutschen Caritasverband in Zusammenarbeit mit seinem für die Erziehungshilfen zuständigen o. g. Fachverband übernommen.

Als Kooperationspartner sowohl für diese Vorstudie als auch für die im unmittelbaren Anschluß geplante Hauptuntersuchung zum Thema „Leistungsvergleich ausgewählter Formen der Erziehungshilfe bei verhaltensauffälligen Kindern" konnten von Anfang an der Deutsche Städtetag (als federführende Stelle der Bundesvereinigung der kommunalen Spitzenverbände), das Landesjugendamt Rheinland (als Geschäftsstelle der Bundesarbeitsgemeinschaft der Landesjugendämter) sowie das zuständige Bundesministerium (unter der damaligen Bezeichnung „Bundesministerium für Frauen und Jugend") gewonnen werden. Man verständigte sich darauf, zunächst das in sich abgeschlossene Vorprojekt „Vorgehen und Kriterien bei der Erstellung des Hilfeplanes gemäß § 36 KJHG" durchzuführen. Die Jugendämter der Städte Bergisch Gladbach, Bremen (Regionalabteilungen Mitte-West und Nord), Delmenhorst, Frankfurt, Lüdenscheid, Mannheim und Neuss sowie die Landkreise Darmstadt-Dieburg, Würzburg und Rheinisch-Bergischer Kreis stellten die nach bestimmten Kriterien ausgewählten Hilfepläne für die Untersuchung zur Verfügung und waren zu ergänzenden Informationen bereit. Selbstverständlich wurden bei der gesamten Untersuchung die datenrechtlichen Vorschriften streng beachtet.

An dieser Stelle gebührt ein besonderes Wort des Dankes an alle Kooperationspartner, an die Leitungen und Sachbearbeiter der beteiligten Jugendämter, an die wissenschaftlichen Mitarbeiter/-innen der vier Projektstandorte, von denen aus die Zusammenarbeit mit den Jugendämtern erfolgt ist sowie ganz besonders an die beiden Universitätsprofessoren, Dr. Franz Petermann und DDr. Martin Schmidt, denen die wissenschaftliche Gesamtverantwortung oblag und die sich als ehrenamtliche Mitarbeiter auch persönlich in die praktische Durchführung, vor allem aber auch in die Detailarbeit bei der Erstellung dieses Abschlußberichtes eingebracht haben.

Ein Projektbeirat mit weiteren Fachpsychologen sowie Experten der Heimerziehung und anderer Formen der Erziehungshilfe hat unter der Leitung von Direktor Eckhart Knab, dem Vorsitzenden des erwähnten Fachausschusses „Praxisforschung", den Forschungsprozeß begleitet und verantwortet gemeinsam mit den wissenschaftlichen Mitarbeiter/-innen den vorliegenden Abschlußbericht.

Die Finanzierung der Vorstudie konnte dank eines beachtlichen Zuschusses der „Stiftung Deutsche Jugendmarke e.V." und durch Eigenmittel des Deutschen Caritasverbandes sowie des Verbandes katholischer Einrichtungen der Heim- und Heilpädagogik gesichert werden.

Dieser Abschlußbericht wird in einer Zeit vorgelegt, in der die Frage nach der Effektivität einzelner Jugendhilfemaßnahmen eine herausragende Rolle spielt. Angesichts der starken Belastungen der öffentlichen Haushalte muß gespart werden, und es werden insbesondere die relativ kostenaufwendigen Maßnahmen der erzieherischen Hilfen unter die Lupe genommen. Deshalb ist es um so wichtiger, daß wir verläßlich nachweisen können, welche Wirkungen durch welche Maßnahmen bei bestimmten Verhaltensauffälligkeiten erzielt werden können. Nicht unbedingt die billigeren Maßnahmen sind auch die kostengünstigen. Es kommt vielmehr darauf an, zur richtigen Zeit – nämlich i.d.R. frühzeitig – die effektivste Hilfeform nach verläßlichen Kriterien auszuwählen und anzuwenden; der dafür zu zahlende Betrag mag dann relativ hoch liegen, er ist mit Sicherheit niedriger als die Summe aller Aufwendungen, die entstehen, wenn eine Abfolge unterschiedlicher Hilfen angewendet werden muß, bis endlich die geeignete Form gefunden und der gewünschte Erfolg erreicht wird. Man darf annehmen, daß mit diesem Praxisforschungsprojekt ein konkreter Beitrag zur Effizienzsteigerung in der Jugendhilfe geleistet wird.

Freiburg, März 1995   Der Herausgeber

1 Fragestellung

1.1 ZIELE DES PRAXISFORSCHUNGSPROJEKTES

Die vorliegende Untersuchung „Vorgehen und Kriterien bei der Erstellung des Hilfeplans gemäß § 36 KJHG" ist Teil der wissenschaftlichen Begleitforschung bei der Umsetzung des Kinder- und Jugendhilfegesetzes (KJHG). Sie soll Aufschluß darüber geben, inwieweit die Vorgaben des KJHG nach seinem Inkrafttreten in die Praxis umgesetzt werden.

Kernstück der gesetzlichen Neuregelung in bezug auf die Erziehungshilfe ist § 36 KJHG. Darin wird u. a. die Mitwirkung von Betroffenen und Beteiligten bei der Erziehungshilfeplanung geregelt und die Aufstellung eines Hilfeplans und dessen regelmäßige Überprüfung verbindlich vorgeschrieben. Der Anspruch auf Hilfe zur Erziehung ist rechtlich einklagbar. Neben einer Steuerung über die Finanzierung wird eine bessere fachliche Steuerung durch die sozialen Dienste eingeführt.

Zur praktischen Umsetzung der Forderungen des neuen Gesetzes liegen zur Zeit lediglich Empfehlungen aus verschiedenen Richtungen vor, die empirisch nicht abgesichert sind. Eine empirische Prüfung des Vorgehens bei der Hilfeplanung im Jugendamt und somit der Umsetzung der Gesetzesvorgaben findet im Rahmen dieser bundesweiten Studie statt. Übergreifendes Ziel ist, die Entscheidungssicherheit der Jugendhilfe-Fachkräfte bei der Auswahl von notwendigen, geeigneten und wirksamen Erziehungshilfen zu erhöhen. In diesem Projekt soll mittels standardisierter Bedingungen und statistischer Absicherungen der Prozeß der Entscheidungsfindung bei der Hilfeplanerstellung aufgezeigt, nachvollziehbar gemacht und auf dieser Basis sollen Optimierungsempfehlungen für die Praxis angeboten werden.

Das Projekt setzt die Empfehlungen des Fachausschusses „Praxisforschung in der Heimerziehung" (1992) um. In diesem Diskussionspapier wird von der Praxisforschung in der Jugendhilfe gefordert, daß sie handlungsleitende Routinen auffinden und evaluieren soll. Praxisforschung kann dabei vier Ziele verfolgen:

1. Empirische Bestandsaufnahmen mit dem Ziel, Alltagsroutinen in der Jugendhilfe zu dokumentieren und zu beschreiben; zentral ist in diesem Kontext, existierende Konzepte, Anforderungen und Handlungsbegründungen zu klassifizieren.
2. Regelgeleitete Datenanalyse mit dem Anspruch, Beziehungen zwischen Vorgaben der Jugendhilfe (z. B. juristischen), ihren Betreuten und Leistungsangeboten aufzuzeigen. Im Rahmen dieser Bemühungen ließen sich Modelle für die Entwicklung in der Jugendhilfe betreuter Kinder und Jugendlicher ableiten. Auf diese Weise lassen sich Vorgehensweisen der sekundären Prävention und der Jugendhilfe im allgemeinen begründen (vgl. Esser et al., 1993; Hurrelmann & Settertobulte, 1995). Selbstverständlich muß sich solche Praxisforschung auf Erkenntnisse der Entwicklungspsychologie stützen.

3. Evaluation dient der Wirkungsbeurteilung von Interventionen bzw. der Prüfung von Kosten-Nutzen-Relationen solcher Interventionen. In diesem Kontext werden vorwiegend Methoden der klinischen Forschung und quantitativen Sozialforschung eingesetzt (vgl. Petermann & Kusch, 1995; Remschmidt, 1995).

4. Interventions- und Optimierungsforschung zielt auf Effektanalysen auf der Ebene von Personen, Betreuungsansätzen und Organisationen; hierbei beschäftigt sich die Interventionsforschung mit dem Vorgehen bei der Indikationsstellung in der Praxis (vgl. Petermann, 1996) und möchte auf der mikrostrukturellen Ebene Alltag, Pädagogik und Therapie in der Jugendhilfe verbessern. Praxisforschung ist dann makrostrukturell orientiert, wenn aufgrund ihrer Befunde sich Einrichtungen schrittweise den veränderten Problemen von Kindern und Jugendlichen anpassen (Optimierungsforschung).

Die Ziele 1 bis 4 lassen sich im Rahmen der Praxisforschung als eine Stufenfolge begreifen, wobei die Vorgehensweise unter 1 und 2 die Voraussetzungen für 3 und 4 darstellen. Vielfach – so auch im vorliegenden Projekt – muß jedoch noch eine Stufe vorher eingesetzt werden: In der Jugendhilfe liegen in der Regel keine einheitlichen und nachvollziehbaren Erhebungs- und Planungsverfahren vor. Den Bemühungen um Standardisierung wandte sich in diesem Projekt eine Vorlaufphase von mehreren Monaten zu (vgl. Abschnitt 2.3).

Zweifellos werden bei der Erstellung des Hilfeplans gemäß § 36 KJHG eine Reihe impliziter Entscheidungen getroffen, wobei der Gesetzgeber eine Vielzahl von Informationen für diesen Schritt verlangt. Das Ziel unseres Praxisprojektes besteht darin, Informations- und Entscheidungsprozesse bei der Hilfeplanung zu ordnen und transparent zu machen. Im einzelnen lassen sich folgende Teilschritte unterscheiden:

● Welche Informationen werden für eine Hilfeplanung herangezogen?
● Welche Personen bzw. Institutionen beeinflussen den Planungs- und Entscheidungsprozeß?
● Wie werden Entscheidungen gebildet und wer ist an einer möglichen Konsensfindung beteiligt?

Wurde ein Hilfeplan erstellt, dann lassen sich folgende Fragen im Rahmen seiner Evaluation beantworten:

● Ist der Hilfeplan der vorliegenden Problemlage des Kindes angemessen?
● Ist der Hilfeplan der Problemlage der Familie bzw. des sozialen Umfeldes des Kindes angemessen?
● Wird der Hilfeplan von den Kindern/Jugendlichen und Familien akzeptiert?
● Sind die an der Entscheidung beteiligten Fachleute (Jugendamtsmitarbeiter/-innen) mit dem Hilfeplan zufrieden?

Die Forschungsfragen des Praxisprojektes besitzen über den konkreten Einzelfall hinaus ihre Bedeutung. Bemängeln z. B. die Entscheidungsträger das Jugendhilfeangebot, das ihnen vor Ort zur Verfügung steht, dann kann man daraus Schlußfolgerungen für die regionalen Strukturen der Jugendhilfe ableiten.

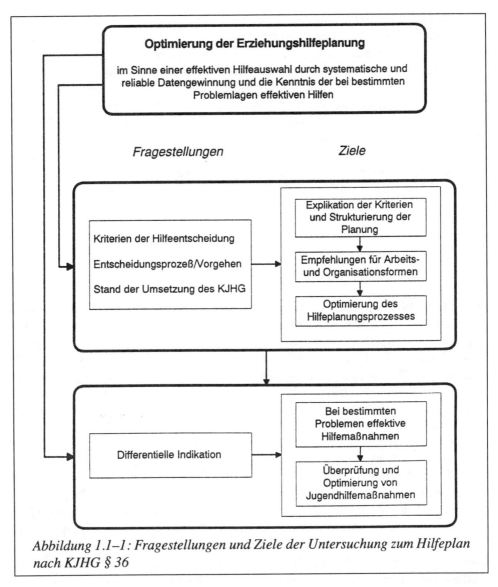

Abbildung 1.1–1: Fragestellungen und Ziele der Untersuchung zum Hilfeplan nach KJHG § 36

Abbildung 1.1-1 systematisiert die Fragestellungen und Ziele unseres Praxisprojektes. Wir gehen davon aus, daß nur eine datengestützte Indikationsstellung einen Hilfeplan optimieren kann. Für die Entscheidung sind systematisch erhobene und zuverlässige (reliable) Daten notwendig, die nach den Regeln eines diagnostischen Prozesses gewonnen werden können (Petermann & Kusch, 1995; Remschmidt, 1995; Remschmidt & Schmidt, 1986b). Aufgrund der Ergebnisse dieser Abklärung werden bestimmten Problemlagen vermutlich effektive Hilfeangebote zugeordnet. Prinzipiell wird bei der Hilfeplanung eine differentielle Indikationsstellung angestrebt. Differentielle Indikationsstellung bedeutet, daß die an der Entscheidung Beteiligten in der Lage sind, zwischen verschiedenen Problemlagen eines Kindes (z. B. Schulverweigerung oder Leistungsversagen) zu differenzieren und anhand ihrer Entstehungsgeschichte präzise zuzuordnen. Nur derart gezielte Zuweisungen in Hilfeplänen gestatten es, Hilfemaßnahmen überhaupt zu überprüfen und zu optimieren. Solche Modelle der Kontrollierten Praxis haben sich vor allem im klinischen Bereich bewährt (vgl. Petermann, 1996).

Eine differentielle Indikationsstellung ist jedoch nur möglich, wenn der Prozeß der Entscheidungsfindung nach expliziten Regeln erfolgt und die Planungsschritte strukturiert sind (vgl. Abb. 1.1-1 S. 11). Diese Zielvorgabe schließt auch Empfehlungen für Arbeits- und Organisationsformen bei der Durchführung ein.

1.2 Leitvorstellungen und Neuerungen im Kinder- und Jugendhilfegesetz (KJHG)

Am 11. 5. 1990 stimmte der Bundesrat dem vom Bundestag am 28. 03. 1990 beschlossenen „Gesetz zur Neuordnung des Kinder- und Jugendhilferechts" (KJHG; Sozialgesetzbuch Achtes Buch (SGB VIII)) zu. Damit war die Reform des Jugendwohlfahrtsgesetzes (JWG), welches auf das Reichsjugendwohlfahrtsgesetz (RJWG) vom 9. 7. 1922 zurückging, nach mehr als 30 Jahren Reformbestrebungen beendet, und die Jugendhilfe hat zeitgerechte gesetzliche Grundlagen erhalten. Der Entwurf war politisch durchsetzbar, da er fachlich unverzichtbare Neuerungen und zum Teil schon angewandte Praxis mit dem finanziell Möglichen zu vereinbaren versuchte.

Das Hauptanliegen der Reform war nach Aussage der Bundesregierung die Umgestaltung des Jugendhilferechts zu einem modernen, präventiv orientierten Leistungsgesetz, das die Eltern bei ihren Erziehungsaufgaben unterstützt und jungen Menschen das Hineinwachsen in die Gesellschaft erleichtert (Schellhorn & Wienand, 1991).

Seit Inkrafttreten des KJHG am 1. 1. 1991 (in den neuen Bundesländern 3. 10. 1990) steht die Jugendhilfe, der alle Bestrebungen, Maßnahmen und Einrichtungen zuzuordnen sind, die der Erziehung und Bildung von Kindern und Jugendlichen außerhalb von Familie, Schule und Beruf dienen, vor erheblichen Umstrukturierungen. Teilbereiche sind neben der Erziehungshilfe Jugendarbeit, Jugendsozialarbeit, Jugendschutz, Familienarbeit und Kinder in Tageseinrichtungen. Die Hilfe zur Erziehung gehört zu den Leistungen des KJHG, die als individuelle Hilfen abgefaßt sind und nach Maas (1991) in jedem Falle eine Einzelfallentscheidung im Rahmen eines Verwaltungsverfahrens erfordern.

Insgesamt liegt im KJHG der Schwerpunkt auf der Differenzierung der Leistungsangebote bei gleichzeitiger Betonung der allgemeinen Förderung gegenüber den Erziehungshilfen.

Während das JWG eher eingriffs- und ordnungsrechtlich orientiert war, ist das KJHG als Leistungsrecht konzipiert. Es verzichtet weitestgehend auf Eingriffsmaßnahmen in die elterliche Erziehungsverantwortung.

Jugendhilfe soll die Erziehung in der Familie unterstützen und ergänzen. Die Familie wird als primärer Erziehungsraum durch das KJHG gestärkt, alle außerfamiliären Erziehungshilfen soweit wie möglich der Familie zugeordnet. In den Hilfeprozeß sollen Kinder, Jugendliche und Familien sowie das soziale Umfeld gleichermaßen einbezogen werden. Dabei beachtet das KJHG den durch die Verfassung geschützten Vorrang elterlicher Erziehungsverantwortung und schreibt dem Staat keine mit dem Elternrecht konkurrierende Erziehungskompetenz zu. Die Personensorgeberechtigten haben einen Rechtsanspruch auf die Gewährung von Hilfe zur Erziehung (unbeschadet des Sonderfalls des Rechtsanspruches auf einen Kindergartenplatz).

Neu gegenüber dem JWG ist die Festschreibung eines differenzierten Leistungskataloges einer größeren Anzahl unterschiedlicher aber gleichrangiger Erziehungshilfen und der damit verknüpfte Aspekt differentieller Indikation. Das Gesetz beschreibt die Hilfearten und knüpft sie an bestimmte Anspruchsvoraussetzungen, wobei auf eine wertende Abstufung von ambulanten, teilstationären und stationären Erziehungshilfen verzichtet wird.

Die Entscheidung über erzieherische Hilfen wird ganz in die Hand der örtlichen Jugendhilfe gelegt. Die im alten Recht gegebene Zweigliedrigkeit in Freiwillige Erziehungshilfe (FEH) und Fürsorgeerziehung (FE) wird im KJHG aufgegeben. Somit wird das Bild des Jugendamtes in der Öffentlichkeit wesentlich verändert. Das örtliche Jugendamt hat damit mehr Entscheidungsbefugnis und stellt sich dar als „präventiv orientiertes modernes Dienstleistungsunternehmen" (Jung, 1992).

Vorgaben zur Jugendhilfestatistik und -planung sowie Datenschutzbestimmungen werden erstmals per Gesetz bundeseinheitlich vorgeschrieben.

Eine zentrale Stellung in der Erziehungshilfeplanung und Schlüsselrolle der gesetzlichen Neuerungen nach dem KJHG hat der sogenannte Hilfeplan. Im Zusammenhang mit der Festschreibung eines differenzierten Leistungskataloges gleichrangiger Erziehungshilfen sowie der Festschreibung von Teamarbeit, Beteiligung der Betroffenen und Jugendhilfeplanung und -statistik unterstreicht der § 36 Abs.2 Satz 2 KJHG den Aspekt der methodischen Fachlichkeit im Sinne differentieller Indikationsstellungen.

1.3 HILFEPLAN GEMÄSS § 36 KJHG

Der Hilfeplan bildet die Grundlage für die Ausgestaltung und die Fortschreibung der längerfristigen Hilfen zur Erziehung unter Zusammenwirken mit dem Kind oder Jugendlichen, den Personensorgeberechtigten und anderen wichtigen Informanten (Baldewein, 1992; Fricke, 1992; Maas, 1992b; Späth, 1991; Späth, 1992b). Die fach-

liche Gestaltung der Hilfe zur Erziehung wird im § 36 Abs.2 Satz 2 KJHG festgeschrieben. Die Erziehungshilfe ist zu strukturieren, zu dokumentieren und für die
Betroffenen transparent zu machen. Vorstellungen und Erwartungen der Herkunftsfamilie, der Eltern sowie der Kinder und Jugendlichen sind dabei zu berücksichtigen.
Der erzieherische Bedarf, die Art der Hilfe und die notwendigen Leistungen sowie
die voraussichtliche Dauer der Maßnahme sind schriftlich festzuhalten. In regelmäßigen Abständen ist zu überprüfen, ob die Hilfen weiterhin geeignet und notwendig
sind. Diejenigen Stellen, die mit der Durchführung der Erziehungshilfe beauftragt
sind, sind miteinzubeziehen und müssen unter Beachtung der datenschutzrechtlichen Grenzen dem Jugendamt Bericht erstatten. In Erwartung verbesserter Fachlichkeit werden Teamentscheidungen für die Erstellung der Hilfepläne festgeschrieben.
Die Erstellung der Hilfepläne liegt in der Zuständigkeit der Jugendämter. Diese
Gesetzesinterpretation ist ebenso umstritten wie die, daß Hilfepläne für jede Form
der Erziehungshilfe zu erstellen sind. Insbesondere für ambulante Maßnahmen wird
diese Notwendigkeit in Zweifel gezogen (Menne, 1993). Unabhängig von dieser
Kontroverse handelt es sich beim Hilfeplan auch um ein Instrument zur Selbstkon-
trolle des betroffenen Jugendamtes und der Durchführenden der Hilfe sowie zur Erin-
nerung und Verpflichtung aller an der Entscheidung beteiligten Personen.
Der Hilfeplan ist ein eigenständiges Dokument und Instrument, das einen Therapie-
oder Behandlungsplan keinesfalls überflüssig macht. Der Hilfeplan ist Grundlage
für die Gewährung, die in der Regel durch einen Verwaltungsakt erfolgt, den der Lei-
stungsberechtigte vor dem Verwaltungsgericht anfechten kann.

1.4 ABLEITUNG DES UNTERSUCHUNGSPLANES AUS DEN GESETZLICHEN VORGABEN UND DEM STAND DER PROBLEMDISKUSSION IN DER LITERATUR

Die für das vorliegende Untersuchungsprojekt maßgeblichen Ziele und der aufgestellte Untersuchungsplan ergeben sich hauptsächlich aus den gesetzlichen Forderungen, der Abhandlung des Themenkomplexes in der Literatur und den Erfahrungen
und dem Wissen von in der Jugendhilfe engagierten Praktikern.
Den Rahmen bildet der vierte Abschnitt „Hilfe zur Erziehung" des zweiten Kapitels
„Leistungen der Jugendhilfe" im KJHG, wobei der Schwerpunkt der Untersuchung
auf § 36 Abs. 2 liegt, worin die Aufstellung und Überprüfung eines Hilfeplans nach
vorgegebenen Kriterien gefordert wird.
Die Umsetzung der gesetzlichen Vorgaben des Kinder- und Jugendhilfegesetzes
gelingt nur schrittweise. Entgegen fachlichen Meinungen, die von revolutionären
Umwälzungen und von damit zusammenhängenden besonderen Schwierigkeiten
sprechen (Blumenberg, 1992), wird das KJHG nicht im erwarteten Ausmaß zum
Anlaß genommen, die eingefahrene Organisation, die bisherige Arbeitsweise und
die fachlichen Grundhaltungen im Jugendamt kritisch zu hinterfragen und zu ändern

(Cobus-Schwertner, 1992). Es wurden vielerorts keine oder nur geringfügige Veränderungen vorgenommen, um den nun auch gesetzlich geforderten fachlichen Standard zu realisieren (Späth, 1992a, b, c, 1993). Man geht vielfach davon aus, daß das Gesetz lediglich den bereits vorhandenen fachlichen Status Quo rechtlich absichert (Späth, 1992b). Der mit dem KJHG unter anderem in der Erziehungshilfe angestrebte Perspektivwandel von der Kontroll- und Eingriffsfunktion hin zu Dialogorientierung und partnerschaftlichem Umgang im Sinne eines präventiven Leistungsangebots findet nur schwerlich statt. Nach Späth (1993) ist der Hilfeplan ein entscheidender Gradmesser für diesen Perspektivwandel. Reuter-Spanier (1993) spricht vom Hilfeplan als der fachlichen Nagelprobe.

1.4.1 Prozeß der Hilfeplanung

§ 36 Abs. 2 Satz 1 lautet: „Die Entscheidung ... über die im Einzelfall angezeigte Hilfeart soll, wenn Hilfe voraussichtlich für längere Zeit zu leisten ist, im Zusammenwirken mehrerer Fachkräfte getroffen werden."
Der Gesetzgeber läßt offen, was er unter längerer Zeit versteht. Münder et al. (1991) legen in ihrem Kommentar einen Zeitraum von voraussichtlich drei Monaten fest. Andere gehen von sechs Monaten aus (Bayer. Landesjugendamt, 1992). Grundsätzlich ist sich die Fachwelt einig, daß alle erzieherischen Hilfen, deren Beendigung nicht im vornherein feststeht, als langfristig zu betrachten sind. Dies gilt also für alle Hilfen, ob ambulant, teilstationär oder stationär, da es für einen Hilfeprozeß charakteristisch ist, zeit- und zielorientiert zu sein (Baldewein, 1992; Maas, 1991; Rebbe, 1992; Schrapper, 1993).
Klar ist dagegen vorgegeben, die Entscheidung im Team zu fällen, was schon seit 1975 (KGST, 1975; Deutscher Verein für öffentliche und private Fürsorge, 1977) favorisiert, aber noch nicht ausreichend praktiziert wird (Schrapper et al., 1987). Die Vorteile liegen vor allem in der Verbesserung der Fachlichkeit durch mehr Kreativität, Differenzierung, Reflexion und Kontrolle, was bei Erziehungshilfemaßnahmen von großer Bedeutung ist, da in die Privatsphäre von Familien eingegriffen wird. Die Forderung nach Entscheidungen im Team bleibt bestehen, es sind verschiedene Organisationsformen denkbar (Baldewein, 1992; Cobus-Schwertner, 1992). Die Frage nach der letzten Verantwortlichkeit bleibt jedoch offen. Nach Münder (1992) ist ein hierarchisches Entscheidungsverfahren ausgeschlossen.
Meist werden unter der Gesetzesvorgabe die Fachkräfte innerhalb des Jugendamtes verstanden (Maas, 1992b; Schrapper, 1993). Aber je nach Komplexität des Falles ist das Hinzuziehen von externen Experten in die Jugendamtsrunde zur Erhöhung der Wahrscheinlichkeit für eine richtige Entscheidung angeraten (Onnasch, 1992). Allerdings geschieht dies bisher nur selten (Matthey, 1991).
In § 36 Abs. 2 Satz 3 wird der Einbezug der Durchführenden einer Hilfe geregelt. Darin heißt es: „Werden bei der Durchführung der Hilfe andere Personen, Dienste

oder Einrichtungen tätig, so sind sie oder deren Mitarbeiter/-innen an der Aufstellung des Hilfeplans und seiner Überprüfung zu beteiligen." Dies dient der Sicherung fachlich tragfähiger Entscheidungen und ihrer adäquaten Umsetzung. Sie sind zwingend miteinzubeziehen (Juli 1992; Maas, 1992b; Stephan, 1992). Allerdings ist ihre rechtliche Stellung nicht näher bestimmt. Die bisherige Praxis kommt dieser Forderung nur ungenügend nach. Teilweise ist der Zeitpunkt der Einbeziehung nicht klar, obwohl gilt, so früh wie möglich, teilweise werden die Durchführenden überhaupt nicht in die Erziehungshilfeplanung miteinbezogen.

Auch wird damit eine enge Zusammenarbeit zwischen Trägern der freien und öffentlichen Jugendhilfe gefordert (Bayer. LJA, 1992; Juli 1992). Rebbe (1992) spricht von einem nicht zu unterschätzenden Spannungsfeld, das sich hiermit auftut.

Mit die wichtigste gesetzliche Neuerung ist die Stärkung der Position der Betroffenen als gleichberechtigte Partner. In § 36 Abs. 1 heißt es: „ Der Personensorgeberechtigte und das Kind ... sind vor ihrer Entscheidung ... zu beraten und auf die möglichen Folgen für die Entwicklung des Kindes ... hinzuweisen... Ist Hilfe außerhalb der eigenen Familie erforderlich, so sind [sie] bei der Auswahl der Einrichtung oder der Pflegestelle zu beteiligen. Der Wahl und den Wünschen ist zu entsprechen, sofern sie nicht mit unverhältnismäßigen Mehrkosten verbunden sind."

§ 36 Abs. 2 Satz 2 regelt die Mitwirkung bei der Erstellung des Hilfeplans. „Als Grundlage für die Ausgestaltung der Hilfe sollen [mehrere Fachkräfte] mit den Personensorgeberechtigten und dem Kind ... einen Hilfeplan aufstellen."

Sowohl den Sorgeberechtigten als auch den Kindern und Jugendlichen werden hiermit Beteiligungs- und Entscheidungsrechte von hohem Verbindlichkeitsgrad zugewiesen. Sie sind nicht mehr als Versager und Bittsteller, sondern als Partner der Fachkräfte in der Jugendhilfe mit Rechtsanspruch auf Hilfe anzusehen und dementsprechend miteinzubeziehen. Die Umsetzung dieser Partizipationsbestimmung ist heftig diskutiert und umstritten. Der Einfluß der Mitbestimmung und Akzeptanz von Entscheidungen von Betroffenen am Erfolg einer Erziehungsmaßnahme ist fachlich und von der Praxis her unumstritten. Handlungsleitend können nur solche Entscheidungen sein, die die eigenen Positionen, Sichtweisen und Erwartungen berücksichtigen (Cobus-Schwertner, 1992; Schrapper, 1993; Späth, 1992a,b; Spindler, 1993). Vielfach werden die Betroffenen nicht oder nur ungenügend miteinbezogen (Matthey, 1991; Blumenberg, 1992; Merkel, 1992). Es sind nicht nur die Personensorgeberechtigten, sondern auch das Kind und alle für das Kind wichtige Bezugspersonen, wie z. B. nichtsorgeberechtigte Eltern einzubeziehen, was in manchen Jugendämtern bereits praktiziert wird (Stephan, 1992; Fricke, 1992; Späth, 1992a, b, 1993). Für Kinder und Jugendliche gilt, daß sie ihrem Entwicklungsstand und ihrer familiären Situation entsprechend von Anfang an zu beteiligen sind (BT-Drucksache 11/5548/1989).

In § 37 Abs.1 ist die Unterstützung der Familie festgelegt: „Bei Hilfen nach §§ 32 bis 34 [sollen] Pflegeperson oder ... Einrichtung ... und die Eltern zum Wohl des Kindes ... zusammenarbeiten. Durch Beratung und Unterstützung sollen die Erziehungsbedingungen in der Herkunftsfamilie ... so weit verbessert werden, daß sie das Kind ... wieder selbst erziehen können." Durch begleitende Beratung und Unterstützung soll dafür gesorgt werden, daß die Beziehung zur Herkunftsfamilie gefördert wird. Die Beratungs- und Unterstützungspflichten gelten sowohl für das Jugendamt als auch für die Einrichtung, in der die Hilfe durchgeführt wird. Abs.1 geht von dem Regelfall aus, daß eine Rückführung des Kindes in die Herkunftsfamilie erwartet werden kann. Trudel (1991) sieht in der Rückkehroption eine entscheidende Voraussetzung für das Gelingen einer Maßnahme. Kinder und Jugendliche sind nach § 27 nicht isoliert, sondern im Rahmen ihrer Familien und ihres sozialen Umfeldes zu betrachten.

Die Realisierung dieser gesetzlichen und auch fachlich begründeten Forderung nach Partizipation der Betroffenen liegt in den Händen der sozialpädagogischen Fachkräfte. An ihnen liegt es, die ungleichen Kooperationsvoraussetzungen auszugleichen und ihre fachlichen Vorstellungen und Einschätzungen den Eltern und Kindern derart nahezubringen, daß diese sie verstehen und nachvollziehen können. Die Herausforderungen an die Fachkräfte in dieser Hinsicht bestehen vor allem im Entwickeln und Ausprobieren von Ideen und Modellen im Umgang mit den Hilfesuchenden, ihrer Klientel (Cobus-Schwertner, 1992; Reuter-Spanier, 1993; Späth, 1992a, b; Schrapper, 1993).

Nach Vorgabe des Gesetzgebers ist ein Hilfeplan nicht nur aufzustellen, sondern es ist nach § 36 Abs. 2 Satz 3 regelmäßig zu prüfen, ob die gewählte Hilfeart weiterhin geeignet und notwendig ist. Diese Forderung trägt der Tatsache Rechnung, daß erzieherische Hilfen in einem nicht von vornherein bestimmten und bestimmbaren Prozeß verlaufen. Rebbe (1992) plädiert dafür, den Zeitraum der Revision nicht im voraus festzulegen, sondern ihn nach freiem Ermessen zwischen den Kooperationspartnern zu vereinbaren. Nach Schrapper (1993) soll die erste Überprüfung in der Regel innerhalb der ersten drei Monate erfolgen, weitere Kontrollen danach halbjährlich, mindestens jedoch jährlich. Akute Krisensituationen erfordern sofortige Hilfeplangespräche. Die bei der Aufstellung des Hilfeplans verbindlich vorgeschriebene Vorgehensweise gilt auch für die Fortschreibung und Kontrolle. Gemeinsam ist zu beraten, ob die ausgewählte Hilfe die richtige war oder ist, wann sie zu beenden oder zu ändern ist. Denn der Hilfeplan stellt eine Art fortlaufendes Protokoll eines die Hilfegewährung begleitenden Diskussions- und Aushandlungsprozesses dar (Späth, 1992a, 1993).

Die Gesetzesvorgaben schreiben eindeutig eine Qualifizierung des Entscheidungsprozesses vor, und zwar hinsichtlich der Entscheidungsfindung, deren Umsetzung und Kontrolle. Sozialpädagogische Entscheidungs- und Hilfeprozesse müssen geplant, strukturiert, reflektiert und revidiert werden, zumal sozialpädagogische Entscheidungen immer prozeßhaft, personenbezogen und nicht objektivierbar sind (Schrapper, 1993). Deshalb wird versucht, die Zufälligkeit und hohe Subjektivität von Entscheidungsabläufen aufzuheben und an deren Stelle überprüfbare Entscheidungsabläufe zu setzen (Lauer, zitiert nach Cobus-Schwertner, 1992). Die Fachkräfte in der Hilfeplankonferenz haben eine verantwortliche Prognoseentscheidung zu fällen, die pädagogische Fachlichkeit, Verwaltungsentscheidung und finanzielle Verantwortung in gleicher Weise einbindet (Wiesner, 1991).

● Entscheidungsvorbereitung
  – Informationsgewinnung
  – Informationsbewertung
  – Nacherhebung
  – Neubewertung
● Entscheidung
● Entscheidungsausführung
● Entscheidungsmodifikation

Nach Maas (1992a) ist der Umgang mit Informationen eine zentrale Aufgabe sozialer Arbeit und stellt sich die Struktur sozialpädagogischer Entscheidungen wie folgt dar (s. Kasten), wobei die Strukturmerkmale nicht linear aufeinanderfolgen, sondern sich überlagern. Die Stellung des Klienten ist in dieser Darstellung nicht berücksichtigt. Klar ist jedoch, daß er aktiv beteiligt ist und ihm eine Subjektstellung zukommt.

Elemente und Struktur des Hilfeplanungsprozesses und der Beteiligung und Mitwirkung betroffener Eltern und Kinder

Kontaktaufnahme / Anfrage / Krisenintervention

① Informations- und Beratungsgespräche mit Eltern und Kindern/Jugendlichen (ggf. getrennt), „Beratung der Personensorgeb. und Kinder/Jugendlichen vor ihrer Entscheidung über Inanspruchnahme einer Hilfe zur Erziehung" **Beratung der Familie** ⑥

② ③ Reflexion „Im Zusammenwirken mehrerer Fachkräfte" über den „erzieherischen Bedarf": Problemsichten der Beteiligten, erste fachliche Einschätzung, ggf. Ergänzung und Korrektur durch Fachkolleginnen **1. Fachteam = > Problem** ④

⑤ Entscheidung über die im Einzelfall angezeigte Hilfeart im Zusammenwirken mehrerer Fachkräfte
1. notwendige und erforderliche Hilfe = Hinweis für JHP § 80 KJHG
2. konkret realisierbare Hilfe ggf. behördenintensive Abstimmung
2. Fachteam = > Lösung

⑦a Hilfeplanungsgespräch über die Ausgestaltung der Hilfe zusammen mit den Personensorgeb. und dem Kind/Jugendlichen und ggf. Mitarbeiterinnen tätiger Dienste und Einrichtungen **nach den Möglichkeiten der Kinder und Eltern** ⑦b

Verbesserung der Erziehungsbeding. in der Herkunftsfamilie (§ 37(1)) ⑧ Erziehungsplanung der Einrichtung

⑧ regelm. Überprüfung und ggf. Veränderung – unter besonderer Berücksichtigung der Zeitperspektive des Kindes (§ 37(1) KJHG) Rückkehroption prüfen bzw. dauerhafte Unterbringung klären

Abbildung 1.4–1: Optimierter Ablauf des Hilfeplanungs- und -entscheidungs-prozesses nach Schrapper (1993, S. 8)

■ **Ablauf des Entscheidungsprozesses**
- ☐ Welche Personen werden befragt, um die notwendigen Informationen zu erhalten?
- ☐ Findet im Rahmen der Planung eine Änderung der Sichtweise und Einschätzung der geeigneten Maßnahme statt?
- ☐ Werden Expertenurteile zur Entscheidungsfindung herangezogen?
- ☐ Wie wird die Entscheidung gefällt und wer trägt die Verantwortung?
- ☐ Steht am Ende des Hilfeplanprozesses eine Dokumentation des Hilfeplans?
- ☐ Bestehen Zusammenhänge zwischen den zur Informationsgewinnung herangezogenen Personen und z. B.
  - – Dokumentation des Hilfeplans
  - – Schwere der Problematik
  - – Art der Hilfemaßnahme
  - – Verantwortung für den Hilfeplan
  - – Berufserfahrung der Fachkräfte im Jugendamt
- ☐ Bestehen Zusammenhänge zwischen einer Änderung der Sichtweise und z. B.
  - – Anzahl der Informanten
  - – Schwere der Problematik
  - – Art der Hilfemaßnahme
  - – Berufserfahrung der Fachkräfte im Jugendamt

■ **Beteiligung von Betroffenen und Durchführenden einer Hilfemaßnahme**
- ☐ Werden die betroffenen Personen (Personensorgeberechtigten und Kind) adäquat an der Hilfeplanung beteiligt?
- ☐ Äußern sie Wünsche und Bedenken?
- ☐ Sind sie mit dem Hilfeplan einverstanden?
- ☐ Werden die Personen oder Einrichtungen, die die Hilfe durchführen sollen, miteinbezogen?

■ **Dauer des Entscheidungsprozesses**
- ☐ Wieviel Zeit vergeht zwischen der ersten Kontaktaufnahme der Betroffenen mit dem Jugendamt und dem Beginn der Hilfemaßnahme?
- ☐ Wieviel Zeit nehmen die Gespräche in Anspruch, die im Rahmen einer Hilfeplanung geführt werden?
- ☐ Welche Zusammenhänge bestehen zwischen der Dauer des Entscheidungsprozesses und z. B.
  - – Anzahl der herangezogenen Informanten
  - – Berufserfahrung der Fachkräfte im Jugendamt
  - – Art der Hilfemaßnahme
  - – Schwere der Problematik
  - – Teamentscheidung und Verantwortung
  - – Einschätzungsänderung des Problems oder der geeigneten Maßnahme

Per Gesetz wurden die Grundlagen für eine neue Hilfeplanung und -entscheidung geschaffen. Die Entwicklung von Konzepten und Leitlinien zur Realisierung ist Aufgabe der Praxis. Hierzu wurden bisher vor allem von verschiedenen (Landes-) Jugendämtern Empfehlungen und Richtlinien zum Hilfeplanverfahren herausgegeben (Bayerisches Landesjugendamt, 1992; Evangelischer Fachverband für Erziehungshilfen in Westfalen-Lippe e. V., 1992; Forum Jugendhilfe, 1991; Landschaftsverbände Rheinland & Westfalen-Lippe, 1992; Landratsamt Würzburg, 1993; Schrapper, 1993), die sich im wesentlichen an der Gesetzesvorlage und der einschlägigen Literatur orientieren. Dokumentationsvorschläge und Hilfeplanentwürfe sind oft beigefügt. Schrapper (1993, S. 8) macht folgenden Vorschlag (s. Abbildung 1.4-1).

Zum Prozeß der Hilfeplanung ergeben sich aus den gesetzlichen Vorgaben und dem bisherigen Stand der Umsetzung in die Praxis viele interessante und bedeutungsvolle Fragestellungen. Ziel des Projektes ist es, vor allem folgende Fragekomplexe zu analysieren (s. Kasten S. 19).

1.4.2 Problem- und Umfeldbezug der Hilfeentscheidungen

§ 36 Abs. 2 Satz 2 regelt den Inhalt sowie die Struktur des Hilfeplanes. Darin heißt es, „als Grundlage für die Ausgestaltung der Hilfe sollen sie einen Hilfeplan aufstellen, der Feststellungen über den Bedarf, die zu gewährende Art der Hilfe sowie die notwendigen Leistungen enthält;"

Feststellungen über den erzieherischen Bedarf

Nach den Empfehlungen z. B. der Landschaftsverbände Rheinland und Westfalen-Lippe soll die Feststellung des Erziehungsbedarfs in einem Fachgespräch stattfinden, zu dem sich mehrere jugendamtsinterne und externe Fachleute zusammensetzen. Grundlage ist eine von der zuständigen Fachkraft erarbeitete Falldarstellung, die im wesentlichen einer psychosozialen Diagnose entspricht und folgende Elemente enthält:

● eine eingehende Anamnese
● eine umfassende Beschreibung des Problems
● eine Zusammenfassung vorhandener Befunde und Gutachten
● eine fachliche Bewertung der derzeitigen erzieherischen Situation.

Die Notwendigkeit der Erstellung einer sogenannten psychosozialen Diagnose als Entscheidungsgrundlage für die Wahl der angemessenen und notwendigen Hilfe wird allgemein erkannt und postuliert (Bayerisches Landesjugendamt 1992; Dalferth, 1982; Frey, 1990; Gärtner-Harnach & Maas, 1987; Heitkamp, 1989; Späth, 1992a; Stephan, 1992). Die Ermittlung des erzieherischen Bedarfs erweist sich im wesentlichen als kombinierte psychosoziale, psychologische und medizinische Diagnose auf Grundlage einer eingehenden Problemanalyse und fachlichen Interpretation. Ein Paradox sind die Vorgaben zum Sozialdatenschutz. Danach ist die Erstellung einer psychosozialen Diagnose rechtlich unzulässig, da sie mehr Daten erhebt als für eine konkrete Hilfe erforderlich ist (Busch, 1992).

Feststellung über die zu gewährende Art der Hilfe

Die Festlegung der notwendigen Hilfeangebote soll nach Empfehlungen der Landesjugendämter zusammen mit der Klärung des erzieherischen Bedarfs stattfinden. Es ist zu ergründen, welche Hilfeart angesichts des spezifischen Bedarfs geeignet und notwendig ist (Maas, 1991) und wie lange diese andauern soll (Stephan, 1992). Hiermit wäre die Frage nach der differentiellen Indikation gestellt. Das Gesetz benennt hierzu die §§ 28–35 KJHG und gibt insofern nur grobe Indikationsrichtlinien. Das Aufstellen von eindeutigeren Zuweisungskriterien ist ein schwer lösbares, bisher nicht ausreichend untersuchtes Problem in der Erziehungshilfe.

Feststellung über notwendige Leistungen

Diese gesetzliche Forderung wird weder vom Gesetzgeber noch von Administrationen noch von der Fachwelt inhaltlich näher beschrieben oder bestimmt, so daß die Auslegung im Ermessen der jeweiligen Hilfeplankonferenz liegt. Nach Maas (1991) können als notwendige Leistungen gemeint sein: die Bestimmung der hilfeerbringenden Stelle, der Beginn, die voraussichtliche Dauer, das anzustrebende Ziel, die Schwerpunkte und der Zeitpunkt der Rückmeldung über Verlauf und Stand der Hilfe. Späth (1991) versteht darunter unter anderem besondere pädagogische und therapeutische Leistungen, schulische Förderangebote, heilpädagogische Angebote und berufsvorbereitende Maßnahmen. Man könnte diesen Katalog um soziale Maßnahmen und Einbezug der Eltern erweitern. Gemeint sind Angebote, die für die Ausführung der Hilfe notwendig sind und in der Einrichtung angeboten werden sollen. Dieser Aspekt des Hilfeplans dient vor allem der Absicherung, daß Leistungen wie Therapie, Schulbetreuung usw. das einzelne Kind auch tatsächlich erreichen.
Die Angemessenheit eines Hilfeplans und der zugrunde liegenden Entscheidungen spiegelt sich in der adäquaten Berücksichtigung der Problem- und Umfeldlage. Wiederum sind viele Fragestellungen interessant und wichtig. Die vorliegende Untersuchung geht folgenden ausgewählten Fragen nach (s. Kasten S. 22):

■ **Vorliegende Problematik, Störungsbild des Kindes**
  ☐ Auf welchen Informationen beruhen die Hilfepläne?
  ☐ Welche Probleme werden angeführt, die zur Hilfesuche veranlassen?
  ☐ Können sich die Beteiligten auf ein zentrales Problem einigen?
  ☐ Wie sehen die psychosozialen Belastungen der hilfesuchenden Familien aus?
  ☐ Wie lassen sich psychodiagnostische Verfahren im Rahmen der Hilfeplanung im Jugendamt anwenden?
  ☐ Welche Probleme werden während des Hilfeplanprozesses fokussiert bzw. ausgeblendet?
■ **Beziehung zwischen Problematik und Hilfeplanentscheidung**
  ☐ Welche Beziehungen bestehen zwischen den verschiedenen kind- und familienbezogenen Auffälligkeiten und
    – Art der Erziehungshilfe
    – Kombination mehrerer Hilfen nach KJHG und BSHG
    – pädagogischen/therapeutischen Maßnahmen?
  ☐ Welche Zusammenhänge liegen vor zwischen Sonderschulförderung und
    – Intelligenz
    – Teilleistungsschwächen?

1.4.3 Qualitätsbeurteilung der Hilfepläne

Die Frage, was einen guten Hilfeplan im einzelnen ausmacht, wird weder vom Gesetz noch von den bisher veröffentlichten Meinungen, Empfehlungen und Arbeitshilfen beantwortet. Die Qualität des Hilfeplanungsprozesses ergibt sich aus der Berücksichtigung der in § 36 festgeschriebenen Kriterien und der Geeignetheit des Hilfeplans als Grundlage für die Ausgestaltung der Hilfe. Formale Gütekriterien sind z. B. die Dokumentation der Erziehungshilfeplanung im Hilfeplan und die Mitunterzeichnung aller Beteiligten. Sehr wichtig für die Beurteilung von Hilfeplänen ist die Akzeptanz durch die Betroffenen selbst. Wurde etwa ihren Wünschen und Erwartungen weitgehend Rechnung getragen, spiegelt sich das in der Zufriedenheit wider. Ebenso verhält es sich mit vorliegenden Bedenken der Betroffenen und weiteren Beteiligten, wie z. B. von externen Fachleuten und der in Frage kommenden Einrichtungen. Die Qualität eines Hilfeplans wird verbessert, wenn es möglich ist, Einwände zu den verschiedenen Aspekten im Rahmen einer Hilfe zu äußern und diese im Planungsprozeß zu berücksichtigen. Ein „guter" Hilfeplan zeichnet sich auch durch eine fachlich abgesicherte Begründung aus. Für den Hilfeplan ist dies vor allem in bezug auf die in Frage kommende Hilfemaßnahme, die damit verbundene

Auswahl der Einrichtung und sonstige Förderungen bedeutsam. Der Entscheidungsprozeß als solcher bedingt wesentlich die Qualität. In bezug auf die Erstellung von effektiven Hilfeplänen ist die Sichtweise der jeweiligen Sachbearbeiter/-innen von großer Bedeutung. Von hohem Gewicht sind vor allem die Einschätzungen hinsichtlich der Prognosen für die weitere Entwicklung des Kindes und der Familie und der Eignung des jeweiligen Hilfeplans für die betroffene Familie.

Zum Aspekt der Qualität von Hilfeplänen wurden in dem vorliegenden Projekt hauptsächlich die anschließenden Fragen ausgewählt (s. Kasten):

■ **Dokumentation**
  ☐ Wird der Hilfeplan als vorläufiger Abschluß des Hilfeplanprozesses in angemessener Form schriftlich festgehalten?

■ **Zufriedenheit**
  ☐ Wie zufrieden sind das Kind und die Bezugspersonen mit dem Hilfeplan?
  ☐ Wie zufrieden ist der/die Sachbearbeiter/-in mit dem Hilfeplan?

■ **Äußern von Bedenken**
  ☐ Wurden von den Beteiligten Bedenken bezüglich des Hilfeplans geäußert?

■ **Entscheidungsprozeß**
  ☐ Gibt es differenzierte Begründungen zu den Hilfeplanentscheidungen?
  ☐ Wer war an der Entscheidung beteiligt?
  ☐ Wer lieferte Informationen?
  ☐ Wie lange dauerte der Entscheidungsprozeß? Einschätzung der Sachbearbeiter/-innen
  ☐ Ist der/die jeweilige Sachbearbeiter/-in mit der ausgewählten Hilfemaßnahme einverstanden und hält er/sie diese für geeignet?
  ☐ Wie schätzt er/sie die zukünftige Entwicklung von Kind und Familie ein?

■ **Beziehungen zwischen Qualität und Aspekten des Hilfeplans, z. B.**
  ☐ Geschlecht des Kindes
  ☐ Art der Hilfemaßnahme
  ☐ vorläufiger Dauer der Hilfe
  ☐ Schwere der Problematik
  ☐ Revidierung der Entscheidungen im Planungsprozeß
  ☐ Verantwortung für die Entscheidung
  ☐ Berufserfahrung der Fachkräfte im Jugendamt

---

2 Methodik

2.1 Untersuchungsstrategie

Die Untersuchung befaßt sich mit vier ausgewählten und nach ihrem Intensitätsgrad abgestuften Formen der Erziehungshilfe (s. Tab. 2.1–1), wobei Mindeststandards zugrunde gelegt wurden.

Tabelle 2.1–1: In der Untersuchung berücksichtigte Formen der Erziehungshilfe nach KJHG, abgestuft nach der Intensität der Hilfemaßnahme

Maßnahme-/ Hilfeform	Betreuungsform	KJHG
Ambulante Maßnahmen	Erziehungsberatung	§ 28
	Soziale Gruppenarbeit	§ 29
Intervention in der Familie	Sozialpädagogische Familienhilfe	§ 31
Teilstationäre Betreuung	Erziehung in einer Tagesgruppe	§ 32
Vollstationäre Betreuung	Vollzeitpflege	§ 33
	Heimerziehung	§ 34

In das Projekt wurden vier Forschungsstandorte (Biesfeld, Bremen, Klein-Zimmern und Würzburg) nach ausgewogenem Stadt-Land-Verhältnis einbezogen. Pro Standort sollten 40 Hilfepläne (jeweils 10 ambulante, Familienhilfe, teilstationäre und vollstationäre) dokumentiert werden.

2.2 Stichprobe

In die Untersuchung waren insgesamt 11 Jugendämter aus Landkreisen, mittleren und großen Städten sechs verschiedener Bundesländer einbezogen.

- Baden-Württemberg: Stadt Mannheim
- Bayern: Landkreis Würzburg
- Bremen: Regionalabteilungen Mitte-West und Nord
- Hessen: Stadt Frankfurt, Landkreis Darmstadt-Dieburg
- Niedersachsen: Stadt Delmenhorst
- Nordrhein-Westfalen: Stadt Bergisch Gladbach, Stadt Neuss, Stadt Lüdenscheid, Rheinisch-Bergischer Kreis

Aus den verschiedenen Jugendämtern beteiligten sich insgesamt 74 Sachbearbeiter/-innen, davon etwa 2/3 mit einem Hilfeplan und etwa 1/4 mit je zwei Hilfeplänen. Ungefähr 8 % steuerten drei oder mehr Hilfepläne bei. Im Durchschnitt waren die Jugendämter mit 12 Fällen in der Untersuchung vertreten, wobei die niedrigste Fallrate drei, die höchste 41 betrug. In neun Fällen wurden direkt die für die Planung verantwortlichen Durchführenden der Maßnahmen (ausschließlich Erziehungsberatung und Sozialpädagogische Familienhilfe) interviewt.

In der Studie wurden insgesamt 128 Hilfepläne erfaßt, von denen sich jeweils etwa 20 % auf ambulante Maßnahmen (Erziehungsberatung (§ 28), Soziale Gruppenarbeit (§ 29)) und Sozialpädagogische Familienhilfe (§ 31) und Erziehung in einer Tagesgruppe (§ 32) bezogen. Gut 1/3 der Hilfepläne bezog sich auf stationäre Maßnahmen (Heimerziehung (§ 34), Vollzeitpflege (§ 33)). In vier Fällen wurde ein Hilfeplan in Angriff genommen, kam aber wegen geänderter Sichtweise der Sorgeberechtigten nicht zustande. In weiteren fünf Fällen war zum zweiten Interviewzeitpunkt die Hilfeplanung noch nicht vollständig abgeschlossen, lag aber zumindest in Grundzügen vor. Bei 80 % der Hilfepläne handelte es sich um eine Ersterstellung, bei 20 % um eine Revision mit Änderung der Hilfeart.

Die Kinder waren im Durchschnitt 8–11 Jahre alt. Bei ca. 90 % lag das Alter zwischen 4 und 12 Jahren. Der Altersbereich wurde so gewählt, um die Heterogenität der Problematiken zu beschränken. Die Hauptbeeinflussung sollte einheitlich durch die Familie und weniger durch externe Gegebenheiten geschehen.

Mit der Beteiligung von 84 Jungen und 44 Mädchen entspricht das Geschlechterverhältnis von ca. 2 : 1 der vorliegenden Untersuchung der allgemein beobachteten Geschlechterverteilung bei interventionsbedürftigen Auffälligkeiten in diesem Altersbereich.

2.3 ERHEBUNGSINSTRUMENT

Die Untersuchung wurde mittels eines eigens dafür erstellten halbstrukturierten Interviewleitfadens durchgeführt. Die Entwicklung des Leitfadens basierte auf den Gesetzesvorgaben, auf in Jugendämtern eingesetzten Dokumentationsvorgaben und Hilfeplanentwürfen sowie auf der zum Thema vorliegenden einschlägigen Literatur. Erweitert wurden diese theoretischen Grundlagen durch klinisch-psychologisches und psychiatrisches Expertenwissen sowie durch erste Befragungen, womit die externe Validität überprüft und optimiert wurde.

Mit der Vorform des Interviewleitfadens wurden 22 Probeinterviews zum Teil unter Videokontrolle durchgeführt. Die Auswertung erfolgte hinsichtlich der Praktikabilität, Objektivität und Akzeptanz seitens der Befragten. Die Vorform wurde revidiert, so daß ein umfassender, standardisierter Interviewleitfaden zur Durchführung der Untersuchung vorlag.

Das Interview sollte zu zwei Zeitpunkten während und unmittelbar nach Abschluß der Hilfeplanerstellung durchgeführt werden, um den Entscheidungsprozeß detailliert zu erfassen. Alternativ war ein retrospektives Gesamtinterview unmittelbar nach Fertigstellung des Hilfeplanes vorgesehen. Das erste Gespräch sollte in dem Stadium der Hilfeplanung geführt werden, in dem die Datensammlung weitgehend abgeschlossen ist und über die Datenquellen, die vorliegenden Informationen und die daraus zu ziehenden vorläufigen Schlüsse berichtet werden kann. Das zweite Gespräch sollte stattfinden, wenn nachträglich notwendig erscheinende Informationen eingeholt sind, die Hilfeplanung konkrete Formen angenommen hat und die Reaktionen der Beteiligten bekannt sind, die letztlich zu einer Kompromißbildung geführt haben. Das Interview liefert eine Vielzahl von Variablen. Die Kategorisierung und Codierung der Antworten fand zum großen Teil erst nach Abschluß der Erhebung statt, da zugunsten der Validität der Untersuchung viele Fragen offen zu beantworten waren. Eine knappe inhaltliche Übersicht gibt Tab. 2.3–1; dabei beziehen sich die Abschnitte 1 und 2 auf den ersten, die weiteren Abschnitte auf den zweiten Interviewteil. Details zu dem Fragebogen sind aus dem Anhang ersichtlich, wobei aus Platzgründen nur die Fragen und nicht die Antwortkategorien mitgeteilt werden.

Zusätzlich wurden folgende standardisierte und in der Praxis bewährte Instrumente der Diagnostik eingesetzt:

- Child Behavior Checklist (CBCL; Achenbach & Edelbrock, 1983; deutsche Version: Arbeitsgruppe Kinder-, Jugendlichen- und Familiendiagnostik (KJFD))
- Skala psychosozialer Belastungen (MAS-Achse 5 – Abnorme psychosoziale Umstände; Remschmidt & Schmidt, 1986a; World Health Organization, 1988)
- Skala zur Beurteilung psychisch gestörter Kinder und Jugendlicher (SGKJ, Steinhausen 1985, 1987)

Die CBCL, ein verhaltensnah validierter Fragebogen zur Erfassung von Verhaltensauffälligkeiten, wurde direkt von den Eltern oder von anderen für das Kind wichtigen Personen beantwortet (z. B. Lehrer, vergleiche auch die Arbeit von Döpfner et al., 1994). Sie umfaßt auf der Basis von 123 Items acht Subskalen, die sich wie folgt aufgliedern: Sozialer Rückzug; Körperliche Beschwerden; Angst/Depressivität; Soziale Probleme; Schizoid/Zwanghaft; Aufmerksamkeitsstörung; Delinquentes Verhalten; Aggressives Verhalten.

Die MAS-Achse 5 wurde im ersten Interviewabschnitt zur Erfassung der Problemlage der Familie eingesetzt und spiegelt die Sicht der zuständigen Fachkraft wider. Diese zur Diagnosestellung in der Psychiatrie eingesetzte Skala setzt sich aus neun Kategorien zusammen. Sie lauten im einzelnen: Abnorme intrafamiliäre Beziehungen; Psychische Störung, abweichendes Verhalten oder Behinderung in der Familie; Inadäquate oder verzerrte intrafamiliäre Kommunikation; Abnorme Erziehungsbedingungen; Abnorme unmittelbare Umgebung; Akute, belastende Lebensereignisse, Gesellschaftliche Belastungsfaktoren; Chronische zwischenmenschliche Belastun-

Tabelle 2.3–1: Abschnitte des Interviewleitfadens zum § 36 KJHG;
Abschnitte 1 und 2 beziehen sich auf Erhebungszeitpunkt 1,
Abschnitte 3 bis 8 auf Erhebungszeitpunkt 2.

1	**Angaben zu Familie und Kind**
	Alter, Geschlecht, Personensorgerecht, Vorgeschichte, aktuelle soziale Betreuungsform des Kindes, aktuelle Familiensituation, Schulbildung des Kindes, Beschreibung der aktuellen Problematik in der Familie, Interventionsvorerfahrungen der Betroffenen
2	**Grobplanung der aktuellen Hilfemaßnahme und Stand der Informationssammlung**
	Vorläufige Vorstellungen über sinnvolle Hilfemaßnahmen, Informanden, Frage nach der Einholung weiterer Informationen vor der Entscheidung über die Art der Hilfe, Angabe der noch zu klärenden Fragen
3	**Informationsstand nach Abschluß der aktuellen Hilfeplanung**
	Zusätzlich befragte Personen oder Einrichtungen, zusätzlich gewonnene Informationen, veränderte Sichtweise des Problems bzw. Einschätzung geeigneter Maßnahmen seit dem letzten Gespräch
4	**Entscheidungsprozeß und Gespräche bis zum (vorläufigen) Abschluß der Hilfeplanung**
	Dauer des Entscheidungsprozesses, innerhalb des Jugendamtes an der Erstellung des Hilfeplans beteiligte Personen, verantwortliche Personen, Anzahl und Dauer der geführten Gespräche, Vorhandensein von schriftlichen Stellungnahmen oder Gutachten
5	**Inhalt des aufgestellten Hilfeplans**
	Problem im Mittelpunkt des Hilfeplans/Einigung oder Nicht-Einigung der Beteiligten auf eine gemeinsame Problemdefinition, Art der Hilfe, Betreuungsform, Beschulung/vorschulische Förderung, psychotherapeutische und heilpädagogische Leistungen, Hilfen für die Verbesserung der Situation in der Familie, Durchführung der Erziehungshilfe, zeitlicher Rahmen der Hilfe, Regelungen von Besuchskontakten und Beurlaubungen
6	**Perspektiven und Erwartungen der an der Erstellung des Hilfeplans beteiligten Personen**
	Beteiligung und Perspektive des Kindes, Beteiligung und Perspektive der Personensorgeberechtigten, Beteiligung und Perspektive der leiblichen Eltern, Beteiligung und Perspektive der durchführenden Einrichtung/Person, Beteiligung von ExpertInnen oder Dritten an der Erstellung des Hilfeplans, Erwartungen von Betroffenen und Jugendamt
7	**Bewertung des Hilfeplans**
	Zufriedenheit des Interviewpartners mit seiner Entscheidung, ideale Hilfemaßnahme, aus Kostengründen nicht zugewährende, aber verfügbare Maßnahmen, Eignung des Hilfeplans für die Familie, Zufriedenheit der Beteiligten mit dem Hilfeplan, Durchführbarkeit, Prognosen
8	**Zusatzfragen zur Erstellung des Hilfeplans**
	Schriftliche Fixierung, Arbeitserfahrungen der Interviewpartnerin/des Interviewpartners

gen im Zusammenhang mit Schule oder Arbeit; Belastende Lebensereignisse/Situationen infolge von Verhaltensstörungen/Behinderungen des Kindes.

Mit der SGKJ, in die sowohl Alltags- und soziale Funktionen als auch klinische Symptome eingehen, wurde die Schwere des Problems auf einer zehnstufigen Skala vom Interviewer selbst eingeschätzt. Damit wird der Einsatz von Verfahren zur Befunderhebung in der Erziehungsplanung überprüft. Möglicherweise erhöht sich dadurch die Effizienz der Entscheidungsprozesse im Rahmen von Hilfemaßnahmen. Weiterhin wurde ein Fragebogen zur Erhebung von organisatorischen, finanziellen und Interventions-Charakteristika der Jugendämter erstellt und eingesetzt. Die Auswertung und Veröffentlichung findet zu einem späteren Zeitpunkt statt.

2.4 DURCHFÜHRUNG

Die Datenerhebung erfolgte von folgenden Forschungsstandorten aus:
1. Überregionales Beratungs- und Behandlungszentrum St. Joseph in Würzburg (Bayern)
2. Universität Bremen, Abteilung Klinische Psychologie (Bremen)
3. Wissenschaftlicher Dienst des Jugendhilfezentrums „St. Josephshaus" in Klein-Zimmern (Hessen)
4. Forschungsabteilung des heilpädagogischen-therapeutischen Zentrums „Die gute Hand", Kürten-Biesfeld bei Köln (Nordrhein-Westfalen).

Nach grundsätzlicher Zustimmung der Bundesvereinigung der kommunalen Spitzenverbände und dem Landesjugendamt Rheinland als federführender Stelle der BAG der Landesjugendämter knüpfte jeder Standort Kontakte zu einem oder mehreren Jugendämtern und gewann durch Informationgespräche sowohl mit den Jugendamtsleitern als auch den Fachkräften über die Zielsetzung, den praktischen Nutzen und den Ablauf der Untersuchung freiwillig teilnehmende Mitarbeiter/-innen aus dem Bereich Erziehungshilfe der Jugendämter. In jedem der elf beteiligten Jugendämter stellte sich ein/e Ansprech- und Koordinationspartner/-in zur Verfügung.

Alle am Praxisforschungsprojekt teilnehmenden Fachkräfte wurden in persönlichem Gespräch und/oder schriftlich über den Ablauf des Projektes im Detail aufgeklärt. Sie wurden gebeten, sich zwecks Terminabsprache bei dem/der jeweiligen Forschungsmitarbeiter/-in telefonisch zu melden, sobald sie mit einer neuen Hilfeplanung oder einer Maßnahmeänderung beschäftigt waren, die bezüglich Alter und Art der vorgesehenen Erziehungshilfe den Kriterien der Untersuchung genügten. Gleiches galt für die Fertigstellung eines Hilfeplanes.

Selbstverständlich waren nur solche Hilfepläne in die Untersuchung einbezogen, in denen die Personensorgeberechtigten nach eingehender Information zur Teilnahme am Projekt eingewilligt hatten. Die datenschutzrechtlichen Vorgehensweisen richteten sich nach den Vorgaben der einzelnen Bundesländer. Die Verarbeitung der Daten erfolgte selbstverständlich in anonymisierter Form.

Die Hilfepläne, soweit sie die Stichprobenkriterien bezüglich Art der Erziehungshilfe erfüllten, wurden nach ihrem zeitlichen Anfallen sukzessive erhoben, bis nach Möglichkeit 10 Hilfepläne pro Hilfeart und Standort erreicht waren. Von den 128 Hilfeplänen wurden aus zeit- und arbeitsorganisatorischen Gründen 62 % durch ein retrospektives und 38 % durch ein zweiteiliges Interview erfaßt. Der durchschnittliche Zeitraum zwischen erstem und zweitem Teilinterview lag bei 2,5 Monaten. Das Minimum lag bei 14 Tagen und das Maximum bei 4 Monaten.

Die Datenerhebung fand vom 2. Quartal 1993 bis zum 1. Quartal 1994 statt, wobei ca. 50 % der Interviews im 4. Quartal 1993 und jeweils ca. 25 % im 2./3. Quartal 1993 und im 1. Quartal 1994 durchgeführt wurden.

Die Sachbearbeiter/-innen wurden an den vereinbarten Terminen in den jeweiligen Jugendämtern befragt. Die Durchführungsdauer variierte je nach Komplexität des Falles und Auskunftsstil des/der Sachbearbeiter(s)/-in zwischen 45 und 90 Minuten je Einzelinterview.

Die Interviews wurden von insgesamt 5 Forschungsmitarbeiter(n)/-innen, Diplom-Psycholog(en)/-innen, durchgeführt.

2.5 AUSWERTUNGSPLAN

Mit den so gewonnenen Daten wurden die unter 1.4 angeführten Problem- und Fragestellungen angegangen. Die vorliegenden Daten, die sich aus 128 erfaßten Hilfeplänen der vier Intensitätsgrade von Erziehungshilfemaßnahmen ergeben, wurden mittels deskriptiver, inferenzstatistischer sowie multivariater Verfahren ausgewertet. Den Rahmen der Überlegungen zur Auswertung bildete die in Abb. 2.5–1 dargestellte Systematik der Variablen.

Die unter 3.1 beschriebene Verteilung jugendhilferelevanter Merkmale basiert im wesentlichen auf statistischen Angaben der Familie, auf Beschreibungen der aktuellen Situation und der vorliegenden Problematik. Bestehende Zusammenhänge zwischen einzelnen Merkmalen können auf die Weise zu Gesamtaussagen verknüpft werden. Darüber hinaus wurden im Sinne eines Dimensionierungsversuches strukturelle Zusammenhänge zwischen den Merkmalen untersucht (vgl. Exkurs zu 3.1).

Die Aussagen zum Prozeß der Hilfeplanung (3.2) beziehen sich auf die zeitliche Dauer, den Ablauf und die Einbeziehung von Betroffenen und Beteiligten in die Planung der Hilfemaßnahme. Die inferenzstatistischen Zusammenhänge zwischen ihnen wurden ermittelt.

Um den Problem- und Umfeldbezug der Hilfeentscheidungen (3.3) einzuschätzen, wurden kind- und familienbezogene Problembeschreibungen inferenzstatistisch auf

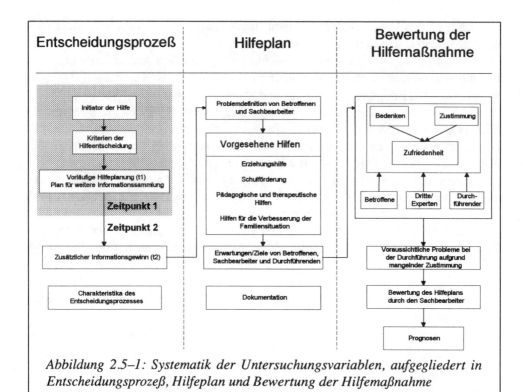

Entscheidungsprozeß	Hilfeplan	Bewertung der Hilfemaßnahme

Abbildung 2.5–1: Systematik der Untersuchungsvariablen, aufgegliedert in Entscheidungsprozeß, Hilfeplan und Bewertung der Hilfemaßnahme

systematische Zusammenhänge mit der gewählten Art der Hilfe wie auch mit besonderen Fördermaßnahmen geprüft.

Zur Qualitätsbeurteilung der Hilfepläne (3.4) wurden Merkmale wie Dokumentation, Zufriedenheit, Berücksichtigung von Wünschen, Erwartungen und Bedenken und die Einschätzung der Sachbearbeiter/-innen herangezogen. Eine Übersicht gibt Abb. 3.4–1 (s. S. 77). Faktorenanalytisch wurden zwei Dimensionen der Qualitätsbeurteilung gebildet und zu zentralen Variablen in Bezug gesetzt, wie z. B. Schwere der Problematik, Art der Hilfemaßnahme und Berufserfahrung der jeweiligen Fachkraft. Dadurch war es möglich, die Qualität der Hilfepläne umfassend zu beurteilen.

3 Ergebnisse

3.1 WIE VERTEILEN SICH JUGENDHILFERELEVANTE MERKMALE?

Angemessene pädagogisch-therapeutische Hilfeentscheidungen setzen eine systematische, differenzierte Problemanalyse voraus. Insofern interessiert zum einen, welche Aspekte der aktuellen Problematik von Kind und Familie bei der Informationssammlung im Rahmen der Hilfeplanung berücksichtigt werden. Um Aussagen über die Angemessenheit der Hilfepläne treffen zu können, stellt sich zum anderen gleichzeitig die Frage, wie die jeweiligen Probleme aus psychologischer und kinderpsychiatrischer Sicht, orientiert an entsprechenden Diagnosesystemen, zu beurteilen sind. Zu diesen Fragen werden im folgenden zunächst problemrelevante soziographische und anamnestische Merkmale mit ihren Verteilungen in der Klientelstichprobe beschrieben. Die anschließenden gezielten Analysen zur aktuellen Problematik von Kind und Familie richten sich auf (1) die Art der kindlichen Verhaltens-bzw. Befindlichkeitsstörung, (2) das allgemeine Intelligenzniveau, etwaige Teilleistungsschwächen und schulbezogene Merkmale des Kindes, (3) besondere psychosoziale Belastungen im Umfeld des Kindes und (4) auf den Schweregrad der kindlichen Entwicklungsbeeinträchtigung durch die Gesamtproblematik.
Die Child Behavior Checklist (CBCL) als standardisiertes Maß von kindlichen Verhaltensauffälligkeiten wurde nur für etwas mehr als die Hälfte der in die Untersuchung einbezogenen Kinder beantwortet; Diagnosen von Experten lagen sogar nur für 30% von ihnen vor. Weil sich die diagnostischen Klassifikationen der kindlichen Verhaltens- bzw. Befindlichkeitsstörungen deswegen allein auf die Beschreibung der Fachkräfte in den Jugendämtern stützen mußten, werden in einem abschließenden Exkurs einige interne Validierungsansätze beschrieben.

3.1.1 Wie läßt sich die Klientel der Jugendhilfe soziographisch beschreiben?

In der Untersuchungsstichprobe sind Stieffamilien und Einelternfamilien jeweils genauso häufig wie intakte leibliche Familien vertreten (vgl. Tab. 3.1–1). Der Anteil aller Kinder in der Bundesrepublik (West), die nur bei einem Elternteil leben, liegt nach Hurrelmann (1993, S.63) bei 20% – also um ein Drittel niedriger als in der vorliegenden Stichprobe. Bei den alleinerziehenden Eltern handelt es sich zu fast 90% um Mütter. Nur vereinzelt leben Kinder bei Adoptiv- und Pflegeeltern bzw. bei Verwandten (jeweils 1–2%).
Das *Personensorgerecht* (vgl. Tab. 3.1–2) liegt für fast die Hälfte der betroffenen Kinder allein bei der Mutter (darunter 5% ohne Aufenthaltsbestimmungsrecht), für knapp jedes zehnte Kind allein beim leiblichen Vater. 38% der leiblichen Eltern sind

Tabelle 3.1–1: Familienkonstellation

Konstellation	Häufigk.	Proz.
Vollständige leibl.Familie	38	30
Stieffamilie	34	27
Alleinerziehende leibl.Mutter/Vater	40	31
Leibl.Mutter/Vater und Verwandte	9	7
Adoptiv-, Pflegefamilie, Verwandte	7	5

(noch) gemeinsam sorgeberechtigt, darunter 8% getrennt lebende. Adoptiv- und Vormundschaftsverhältnisse kommen mit 2% bzw. 4% nur vereinzelt vor.

Tabelle 3.1–2: Träger der elterlichen Sorge

"Sorgerechtsinhaber"	Häufig.	Proz.
Leibliche Eltern	49	38
Leibliche Mutter	61	48
Leiblicher Vater	11	9
Vormund	2	2

Zur Frage der Familiengröße zeigt Tab. 3.1–3, daß große Familien mit fünf und mehr Personen mit 34% in der Stichprobe fast genauso häufig vorkommen wie zwei- bis dreiköpfige Familien (37%). Knapp 30% der Familien bestehen aus vier Personen. Während nach Hurrelmann (1993, S.63) in der Bundesrepublik 55 % aller Familien mit Kindern nur ein Kind großziehen, sind in der untersuchten Stichprobe Einzelkinder nur zu 30 % vertreten. Knapp 20 % wachsen mit zwei, weitere 20 % mit drei und mehr Geschwistern auf. Die Einzelkinder leben dabei überwiegend in Familien, in denen die leiblichen Eltern nicht mehr zusammen sind. Jeweils ungefähr ein Drittel von ihnen lebt bei alleinerziehenden Eltern (d. h. hauptsächlich bei der Mutter) oder in einer Stieffamilie, nur drei der 39 Einzelkinder gehören einer intakten leiblichen Familie an. Von den alleinerziehenden Müttern haben zwei Fünftel ein Kind, jeweils ein Fünftel aber auch zwei, drei oder vier Kinder zu betreuen. Auch dies entspricht nicht den allgemeinen Verhältnissen von Alleinerziehenden in Westdeutschland. Nach Hurrelmann (1993, S.63) leben 70% von ihnen mit nur einem Kind zusammen; drei und mehr Kinder haben nur 10% zu versorgen.

Tabelle 3.1–3: Familiengröße, Geschwisterzahl

Familiengröße	Häufigk.	Proz.
2	16	12
3	31	24
4	37	29
5	26	20
>5	18	14

Geschwisterzahl	Häufigk.	Proz.
0	39	30
1	40	31
2	24	19
3	17	13
4-5	8	6

Der *elterliche Beruf,* der als grober sozioökonomischer und bildungsbezogener Statusindikator gelten kann, wird von den Fachkräften in den Jugendämtern in der Regel nur erhoben, solange die Eltern auch das Personensorgerecht für das Kind haben. Zum Teil wird der Beruf allerdings auch dann nicht erfragt. Die berufsbezogenen Angaben gibt Tab. 3.1–4 wieder; die mitaufgeführten Prozentanteile „valide %" beziehen sich dabei auf die reduzierte Stichprobe, für die Angaben vorliegen. Die Ergebnisse weisen auf eine Überrepräsentanz von weniger qualifizierten Berufsschichten hin. Bei den Müttern fällt auf, daß insgesamt drei Viertel keine Berufsausbildung haben bzw. höchstens beruflich angelernt sind.

Tabelle 3.1–4: Berufe der Eltern

Beruf	Mutter Häufigk.	Mutter %	Mutter valide %	Vater Häufigk.	Vater %	Vater valide %
Keine Ausbildung	76	59	71	15	12	19
Anlernberuf	6	5	6	17	13	21
Lehrberuf	20	16	19	42	33	53
Qualifizierter Beruf	5	14	5	5	4	6
Keine Angaben	21	16		49	38	

Wie beim Beruf beschränken sich auch die Angaben zum Einkommen im allgemeinen auf die sorgeberechtigten Eltern. Soweit bekannt, sind ungefähr jeweils 30% der Väter und Mütter allein auf Arbeitslosengeld bzw. -hilfe und Sozialhilfeleistungen angewiesen (vgl. Tab. 3.1–5). Während zwei Drittel der Väter ein regelmäßiges Arbeitseinkommen beziehen, sind 30% der Mütter nicht erwerbstätig, 31% der Mütter gehen einer regelmäßigen, wenn auch nicht immer vertraglich geregelten Arbeit nach.

Tabelle 3.1–5: Einkommen / Erwerbstätigkeit

Einkommen	Mutter Häufigk.	Mutter %	Mutter valide %	Vater Häufigk.	Vater %	Vater valide %
Soziale Transferleistungen	38	30	31	27	21	30
Regelmäßige Arbeit mit Vertrag	27	21	22	57	44	63
Regelmäßige Arbeit ohne Vertrag	11	9	9	4	3	4
Gelegentliche Jobs, Sonstiges	10	8	8	2	2	2
Hausfrau/Hausmann	37	29	30	1	1	1
Keine Angaben	5	4		37	29	

Unter den alleinerziehenden Müttern ist jede zweite von sozialen Transferleistungen abhängig, von den insgesamt fünf alleinerziehenden Männern sind es vier. Von den Stieffamilien und den intakten leiblichen Familien bestreiten ungefähr ein Viertel bzw. ein Fünftel den Lebensunterhalt aus Transferleistungen.

Wie schon in Abschnitt 2.1 beschrieben, waren 80% der Kinder zum Zeitpunkt des Antrags auf Erziehungshilfe zwischen 5;0 und 12;6 Jahren alt (M = 8;11 Jahre, s = 3;0 Jahre). Das durchschnittliche Alter der Mutter lag zu diesem Zeitpunkt – soweit bekannt – schwerpunktmäßig zwischen 26 und 41 Jahren (M = 33;8 Jahre, s = 7;2 Jahre), das des Vaters zwischen 30 und 45 Jahren (M = 37;6 Jahre, s = 7;10 Jahre). Zu 8% der Mütter und zu 32 % der Väter liegen keine Altersangaben vor.

3.1.2 Welche Vorerfahrungen hat diese Klientel mit der Jugendhilfe?

Die in die Untersuchung einbezogenen Familien waren dem zuständigen Jugendamt zum Zeitpunkt des aktuellen Antrags auf Erziehungshilfe überwiegend schon bekannt; nur zu einem Drittel von ihnen gab es vorher noch keine Kontakte. (Bei immerhin einem Fünftel der Familien war darüberhinaus auch eine Betreuung vorangehender Generationen durch ein Jugendamt aktenkundig). Für 20 % der Familien existierte schon ein Hilfeplan, der jetzt zugunsten einer anderen Hilfeart revidiert werden sollte; bei 80 % der Familien ging es um die Ersterstellung eines Hilfeplanes. Über Anzahl und Art früherer (noch laufender und abgeschlossener) Interventionsversuche informieren Tab. 3.1–6 und Tab. 3.1–7.

Tabelle 3.1–6: Anzahl von Vorinterventionen

Anzahl Vorinterventionen	Häufigk.	Proz.
0	60	48
1	38	30
2	20	16
3	6	5
4	1	1

Tabelle 3.1–7: Art der Vorinterventionen

Hilfeart	Häufigk.	Proz.
SPFH	21	21
Erziehungsberatung	16	16
Tagespflege	16	16
Heimerziehung	14	14
Vollzeitpflege	7	7
Psychotherapie	7	7
Tagesgruppe	6	6
Heilpäd. Behandlung	4	4
Frühförderung	3	3
Erziehungsbeistand	3	3
Kinderpsychiat. Klinik	2	2
Intensivbetreuung	1	1

Gut die Hälfte der Kinder hatte früher schon Erfahrungen mit einer Erziehungshilfe oder einer therapeutischen Behandlung gemacht; bei über 20 % waren sogar mehrfache Interventionsversuche unternommen worden. Am häufigsten handelte es sich dabei um Sozialpädagogische Familienhilfe (21 %), gefolgt von Erziehungsberatung und Tagespflege (jeweils 16 %) sowie Erziehung im Heim (14 %). Eine psychotherapeutische Behandlung, Vollzeitpflege und Erziehung in einer Tagesgruppe waren mit jeweils 6–7 % vertreten. Vereinzelt sind schließlich auch heilpädagogische Förderung, Frühförderung, Erziehungsbeistandschaft, sozialpädagogische Intensivbetreuung sowie eine stationäre kinderpsychiatrische Behandlung eingesetzt worden.

Der erste Interventionsversuch erfolgte durchschnittlich bei einem Alter von ungefähr sechs Jahren; knapp 30 % der Kinder waren bei der ersten Intervention höchstens drei Jahre alt, etwas über 30 % neun Jahre und älter.

Planmäßig abgeschlossen wurden rund 60 % aller Vorinterventionen; 23 % sind von den Eltern, 6 % vom Träger der Maßnahme und 8 % umständehalber (z. B. wegen Umzugs) abgebrochen worden.

Die *Initiative zu der aktuellen Hilfesuche* (vgl. Tab. 3.1–8) ging in etwa 40 % der Fälle von der betroffenen Familie aus. In 22 % der Fälle machten Bildungs- und Erziehungsinstitutionen und in 7 % therapeutische Institutionen als erste auf den Hilfebedarf der Familie aufmerksam. Jeweils 13 % der Hilfepläne wurden auf Initiative des sozialen Umfelds oder von Jugendämtern in Angriff genommen. In 5 % der Fälle schließlich waren andere Behörden wie Sozialamt oder Polizei initiativ geworden.

3.1.3 Welche Probleme von Kindern und Familien werden gesehen und wie lassen sie sich ordnen?

Die Analyse der Probleme, die den aktuellen Hilfebedarf der betroffenen Familie begründen, beruht im wesentlichen auf den Beschreibungen der Fachkräfte in den

Tabelle 3.1–8: Initiator der Hilfeplanung

Initiator	Häufigk.	Proz.
Eltern	9	7
Mutter	30	23
Vater	9	7
Kind	3	2
Nachbarn, Verwandte	17	13
Schule, Kindergarten	28	22
Therapeut. Institution	9	7
Jugendamt	17	13
Andere Ämter, Behörden	6	5

Jugendämtern. Die Beschreibungen wurden nach Abschluß der Interviews in enger Anlehnung an die in den Jugendämtern verwendeten Kategorien klassifiziert. Es resultierten insgesamt 19 Kategorien, von denen sich sieben auf Probleme des Kindes, fünf auf Probleme der Eltern und weitere sieben auf Probleme der Familie bezogen. Es handelt sich dabei nicht um einander ausschließende Kategorien, so daß mehrfache Zuordnungen der Sachbearbeiterangaben die Regel waren. Über die Häufigkeitsverteilung der Problemkategorien gibt Tab. 3.1–9 Auskunft.

Tabelle 3.1–9: Häufigkeitsverteilung der Probleme aus Sicht des Jugendamtes (Mehrfachnennungen)

Probleme des Kindes	Häufigk.	Proz.
Keine	34	27
Externalisierende Probleme	49	39
Internalisierende Probleme	22	17
Leistungsprobleme	21	16
Entwicklungsstörungen	16	13
Sexueller Mißbrauch	12	9
Psychische Probleme bei körperl. Belastungen	4	3
Sonstige Probleme	34	27

Probleme der Eltern	Häufigk.	Proz.
Keine	18	14
Erziehungsmängel	86	67
Organisatorische Überforderung	49	38
Psych. oder körperl. Beeinträchtigung	42	33
Ökonomische Probleme	15	12
Sonstige Probleme	36	38

Probleme der Familie	Häufigk.	Proz.
Keine	38	30
Beziehung Kind-Mutter	38	30
Beziehung der Eltern	28	22
Beziehung Kind-Vater	15	12
Stiefproblematik	15	12
Geschwisterrivalität	10	8
Kulturkonflikte	7	6
Sonstige Probleme	33	26

Tabelle 3.1–10: Häufigste Problemkategorien in den vier Störungsgruppen (Mehrfachnennungen)

Internalisierende Störungen (N = 23)

Kategorie	Häufigk.	Proz.
Internalisierende Probleme des Kindes	14	61
Erziehungsmängel	12	52
Psych. oder körperl. Beeinträchtigung der Eltern	11	48
Sonstige Probleme der Familie	11	48
Sonstige Probleme der Eltern	8	35
Sonstige Probleme des Kindes	8	35
Organisatorische Überforderung der Eltern	7	30
Beziehungsstörungen der Eltern	6	26

Beziehungsstörungen (N = 22)

Kategorie	Häufigk.	Proz.
Beziehungsstörung Kind-Mutter	17	77
Erziehungsmängel	13	59
Psych. oder körperl. Beeinträchtigung der Eltern	9	41
Beziehungsstörung Kind-Vater	8	36
Sonstige Probleme der Eltern	6	27
Beziehungsstörung der Eltern	6	27
Organisatorische Überforderung der Eltern	5	23
Stiefproblematik	5	23
Sonstige Probleme der Familie	5	23

Leistungsstörungen (N = 39)

Kategorie	Häufigk.	Proz.
Erziehungsmängel	29	74
Leistungsprobleme des Kindes	21	54
Organisatorische Überforderung der Eltern	21	54
Externalisierende Probleme des Kindes	17	44
Entwicklungsprobleme des Kindes	16	41
Psych. oder körperl. Beeinträchtigung der Eltern	12	31
Sonstige Probleme der Eltern	11	28
Beziehungsstörung der Eltern	9	23
Sonstige Probleme der Familie	9	23

Externalisierende Störungen (N = 44)

Kategorie	Häufigk.	Proz.
Externalisierende Probleme des Kindes	32	73
Erziehungsmängel	32	73
Organisatorische Überforderung der Eltern	16	36
Sonstige Probleme des Kindes	12	27
Sonstige Probleme der Eltern	11	25
Beziehungsstörung Kind-Mutter	10	22
Psych. oder körperl. Beeinträchtigung der Eltern	10	22

Es fällt zunächst auf, daß die Fachkräfte der Jugendämter bei immerhin einem Viertel der Kinder keine nennenswerten Probleme sehen, während den Eltern nur zu 14% keine Probleme zugeschrieben werden. Auffällig sind weiterhin die hohen Besetzungen der geplanten Restkategorien „andere Probleme". Dies weist zum einen auf Mängel bei der Kategorienbildung hin, zum anderen aber auch auf einen relativ hohen Anteil unklarer bzw. unspezifischer Problembeschreibungen. Um näheren Aufschluß über die strukturellen Beziehungen der Problemkategorien zu erhalten, wurden daher verschiedene Faktorenanalysen (Methode: Hauptkomponentenanalyse mit anschließendem Scree-Test zur Bestimmung der Faktorenzahl, Hauptachsenanalyse mit Varimax-Rotation) gerechnet. Aus diesem Gruppierungsversuch wurden vier Diagnosegruppen abgeleitet, von denen angenommen wird, daß sie für die pädagogisch-therapeutischen Hilfeentscheidungen relevant sind.

Die erste Gruppe (n = 23) umfaßt internalisierende, also emotionale Störungen wie Angst oder Depression, aber auch „andere" Probleme, soweit sie nicht mit externalisierenden, Leistungs- oder Entwicklungsstörungen einhergehen. Die zweite Gruppe (n = 22) ist durch Streitbeziehungen und andere Beziehungsstörungen zwischen Kind und Mutter bzw. Kind und Vater bei fehlenden anderen Auffälligkeiten definiert. Die dritte Gruppe (n = 39) umfaßt Leistungs- und (z. B. sprachliche oder motorische) Entwicklungsstörungen, die häufig auch mit aggressivem und dissozialem Verhalten verbunden sind. Diese Gruppe dürfte vor allem auch hyperkinetische Störungen beinhalten. Die vierte und größte Gruppe (n = 44) schließlich ist bestimmt durch externalisierende Störungen, die sich in oppositionellem, aggressivem und dissozialem Verhalten äußern, aber auch mit emotionalen Auffälligkeiten einhergehen können, während Leistungs- und Entwicklungsstörungen ausgeschlossen wurden. Validierungsversuche zu dieser diagnostischen Gruppenbildung werden unter 3.1.7 beschrieben. Über die Repräsentanz der häufigsten Problemkategorien in den unterschiedenen Störungsgruppen gibt Tabelle 3.1–10 Auskunft.

3.1.4 Welche Rolle spielen Leistungsprobleme?

Bei der Beurteilung des allgemeinen Intelligenzniveaus des Kindes können sich 28% der Fachkräfte in den Jugendämtern auf ein standardisiertes Testergebnis stützen. Etwa ein Drittel beruft sich auf Intelligenzeinschätzungen durch Schulen, Kindergärten oder andere Bildungsinstitutionen bzw. orientiert sich an den Schulerfolgen. Auf das Urteil der Eltern oder den persönlichen Eindruck verläßt sich schließlich ebenfalls ein Drittel. Sechs Fachkräfte (4%) sehen sich außerstande, das Intelligenzniveau des Kindes zu beurteilen.

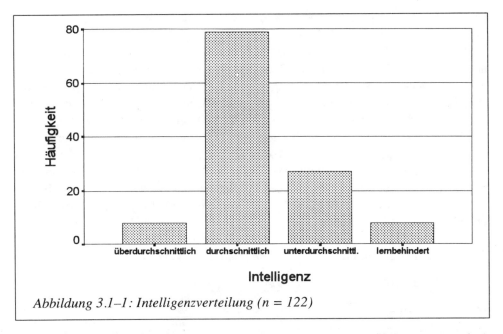

Abbildung 3.1–1: Intelligenzverteilung (n = 122)

Die Verteilung der Intelligenzeinschätzungen (vgl. Abb. 3.1–1) ist asymmetrisch und weist – für Klientelstichproben der Jugendhilfe nicht untypisch – auf eine Überrepräsentanz von Kindern mit unterdurchschnittlicher Intelligenz und mit Lernbehinderungen hin. Das Intelligenzniveau in unserer Stichprobe ist unabhängig vom Alter und Geschlecht der Kinder.

Tabelle 3.1–11 enthält Angaben zur Häufung von Teilleistungsschwächen. Unter Teilleistungsschwächen (= umschriebene Entwicklungsstörungen) versteht man umschriebene Leistungsdefizite, die weder durch das allgemeine Intelligenzniveau noch mangelnde Förderung erklärt werden können; auch liegt bei diesen Kindern keine motorische oder Sinnesbehinderung (vgl. die Internationale Klassifikation psychischer Störungen, ICD 10: Dilling et al., 1991) vor. Typische Teilleistungsschwächen sind die

– Lese- und Rechtschreibschwäche (vgl. Warnke, 1995),
– Rechenschwäche (vgl. Esser, 1995),
– expressive und rezeptive Sprachrückstände (vgl. Esser, 1995),
– Artikulationsschwäche (vgl. Esser, 1995) und
– umschriebene Störungen der motorischen Funktionen (vgl. Esser, 1995).

Die pathogenetische Forschung zeigt die hohe Bedeutung von Teilleistungsschwächen für die Herausbildung vor allem externalisierender Verhaltensstörungen. Für 21% der Kinder konnte die Frage nach Teilleistungsschwächen (umschriebene Entwicklungsstörungen) nicht beantwortet werden. Dabei hängt die Beurteilbarkeit offensichtlich mit der Länge des Schulbesuchs zusammen: während im Vor- und

Grundschulalter für jeweils 26% der Kinder keine Angaben gemacht wurden, sind es im Hauptschulalter nur noch 14%.

In der restlichen Stichprobe wird bei 36% der Kinder eine Teilleistungsschwäche angenommen; dabei variieren die TLS-Diagnosen weder mit dem Alter noch mit dem Geschlecht der Kinder. Der letztgenannte Befund ist untypisch, denn allgemein sind Jungen häufiger von einer Teilleistungsschwäche betroffen als Mädchen. Auch aus einem anderen Grund steht die Güte der TLS-Diagnosen nicht ganz außer Zweifel. In der untersuchten Stichprobe liegt die TLS-Rate bei unterdurchschnittlicher Intelligenz mit 48% statistisch signifikant über der von 26% bei durchschnittlicher und überdurchschnittlicher Intelligenz. Definitionsgemäß sind TLS-Diagnosen aber gerade vermehrt bei durchschnittlicher Intelligenz zu erwarten, weil partielle Leistungsdefizite schwerpunktmäßig erst hier von einer allgemeinen Leistungsschwäche abgegrenzt werden können.

Tabelle 3.1–11: Verteilung von Teilleistungsschwächen (TLS)

Vorliegen/Art der TLS	Häufigk.	Proz.	Valide Proz.
Keine TLS	65	50	64
Lese- / Rechtschreibschwäche	10	8	10
Rechenschwäche	7	6	7
Kombinierte schulische TLS	2	2	2
Sprachrückstand	13	10	13
Artikulationsschwäche	6	5	6
Motorische TLS	9	7	9
Keine Angaben	27	21	

Auf erhöhte Leistungsprobleme weisen schließlich auch die Ergebnisse zur schulischen und vorschulischen Laufbahn der Kinder hin (vgl. Tab. 3.1–12).

Tabelle 3.1–12: Form der schulischen Förderung

Schulische Förderart	Häufigk.	Proz.	Proz.d.Schulpflichtigen
Zurückgestellt, wiederausgeschult	5	4	5
Sonderförderung	32	25	32
Grund-, Haupt-, Gesamtschule	59	46	59
Realschule, Gymnasium	5	4	5
Noch nicht schulpflichtig	25	20	
Keine Angaben	2	2	

Ein Fünftel der Kinder ist noch nicht schulpflichtig. Von diesen besucht die Hälfte einen Kindergarten, gut ein Viertel hat keinen Platz in einer sozialpädagogischen Einrichtung und ein Fünftel wird in einer Sondereinrichtung gefördert. Unter den Schulpflichtigen beträgt der Anteil der Kinder, die in einer Sonderschule bzw. in einem Sonderprogramm einer integrierten Schule gefördert werden, nahezu ein Drittel. Überwiegend handelt es sich dabei um Einrichtungen für Lernbehinderte. Weitere

5% sind vom Schulbesuch zurückgestellt bzw. wieder ausgeschult worden. Eine Regel- oder weiterführende Schule besuchen nicht einmal ganz zwei Drittel der Kinder. Von den Sekundarschülern besucht nur ein Zehntel eine Realschule oder ein Gymnasium und ein weiteres Zehntel eine Gesamtschule; jeweils zwei Fünftel besuchen eine Haupt- bzw. eine Sonderschule. Bleibt schließlich noch zu erwähnen, daß insgesamt 44% der schulpflichtigen Kinder (71% der sondergeförderten, aber auch 29% der Regelschüler) einen schulischen Rückstand von mindestens einem Jahr aufweisen.

3.1.5 Wie ist der psychosoziale Hintergrund?

Psychosoziale Belastungen in der Familie und dem weiteren Umfeld wurden nach der revidierten Fassung von MAS-Achse 5 ohne Beschränkung der Nennungszahl erhoben (World Health Organization, 1988; erarbeitet durch die Arbeitsgruppe Dokumentation und Klassifikation der Europäischen Gesellschaft für Kinder- und Jugendpsychiatrie). Die Anzahl der angegebenen Belastungen erscheint bei einem Mittelwert von 7.9 (s = 4.1) im allgemeinen extrem hoch. Weniger als fünf Belastungen werden nur für 20% der Stichprobe genannt, für die oberen 26% dagegen 11 bis im Extremfall 21 Belastungen. Die häufigsten Probleme, die im Umfeld der Kinder gesehen werden, sind in Tab. 3.1–13 zusammengestellt.

Tabelle 3.1–13: Vorherrschende psychosoziale Belastungen im Umfeld des Kindes (Mehrfachnennungen)

Psychosoziale Belastungen	Häufigk.	Proz.
Unzureichende elterliche Aufsicht und Steuerung	83	65
Abweichende Elternsituation	79	62
Erziehung, die eine unzureichende Erfahrung vermittelt	64	50
Mangel an Wärme in der Eltern-Kind-Beziehung	59	46
Disharmonie in der Familie zwischen Erwachsenen	53	41
Inadäquate oder verzerrte intrafamiliäre Kommunikation	53	41
Unangemessene Anforderungen und Nötigungen durch die Eltern	51	40
Psychische Störungen/abweichendes Verhalten eines Elternteils	43	34
Verlust einer liebevollen Beziehung	43	34
Isolierte Familie	42	33
Lebensbedingungen mit möglicher psychosozialer Gefährdung	42	33
Feindliche Ablehnung oder Sündenbockzuweisung gegenüber dem Kind in der Familie	36	28
Negativ veränderte familiäre Beziehungen durch neue Familienmitglieder	36	28
Streitbeziehungen mit Schülern	31	24
Allgemeine Unruhe in der Schule	25	20
Körperliche Kindesmißhandlung in der Familie	23	18
Sündenbockzuweisung durch Lehrer	22	17

Neben einer (von der Idealnorm der intakten leiblichen Familie) abweichenden Elternsituation dominieren unter den psychosozialen Belastungen inadäquates Erziehungsverhalten, Mangel an Wärme in der Eltern-Kind-Beziehung sowie Disharmonie zwischen erwachsenen Familienmitgliedern. Insgesamt stehen Belastungen in der Familie eindeutig im Vordergrund, bei einem Fünftel bis einem Viertel der Kinder werden daneben aber auch chronische zwischenmenschliche Belastungen in der Schulsituation beschrieben. Wegen der Aktualität sei noch ergänzt, daß nach den erhaltenen Angaben 12% der Kinder von sexuellem Mißbrauch in der Familie betroffen sind; ein entsprechender Verdacht besteht bei weiteren knapp 10%. Sexueller Mißbrauch außerhalb der Familie wird bei drei Kindern als sicher angenommen. Der Anteil der Mädchen mit Mißbrauchserfahrungen ist mit 24% statistisch signifikant höher als der entsprechende Anteil bei Jungen mit 5%.

3.1.6 Wie sehr wird die Entwicklung von Kindern durch ihre Gesamtproblematik beeinträchtigt?

Das Ausmaß, in dem alle Probleme zusammen die kindliche Entwicklung beeinträchtigen, wurde von den InterviewleiterInnen anhand der zehnstufigen Skala zur Gesamtbeurteilung von psychisch gestörten Kindern und Jugendlichen (SGKJ in der deutschen Bearbeitung von Steinhausen, 1985) eingeschätzt.

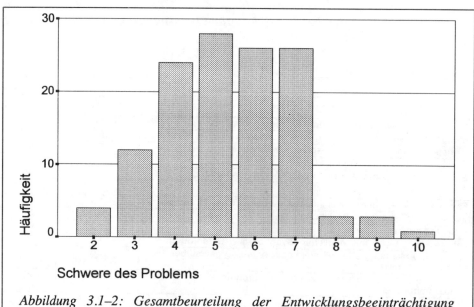

Abbildung 3.1–2: Gesamtbeurteilung der Entwicklungsbeeinträchtigung (SGKJ); Beurteilungen zwischen 2 (gute Funktionen auf allen Gebieten) und 10 (braucht ständige Betreuung, 24–Stunden-Versorgung)

Die Urteile variieren fast über die gesamte Skala von 2 („gute Funktionen zu Hause, in der Schule und mit Gleichaltrigen") bis 10 („braucht ständige Betreuung, 24–Stunden-Versorgung"). Der häufigste Skalenwert 5 bedeutet „variable Funktionen mit sporadischen Schwierigkeiten oder Symptomen in mehreren, aber nicht allen sozialen Bereichen". Er ist gleichzeitig auch der Median der Verteilung (bei M = 5.4 und s = 1.6). Ab Skalenwert 7 gilt eine stationäre Interventionsform als indiziert. Ein entsprechender Beeinträchtigungsgrad liegt den Urteilen zufolge bei einem Viertel der untersuchten Klientel vor. Das andere Extrem bilden gut 12% der Kinder, die nicht oder höchstens minimal beeinträchtigt erscheinen (Skalenbereich unter Wert 4). Dieses Ergebnis könnte die Einschätzung der Jugendämter, nach der ein Viertel der Kinder keine nennenswerten Auffälligkeiten zeigen, als zum Teil gerechtfertigt erscheinen lassen. Zu berücksichtigen ist dabei allerdings, daß die Problemdarstellung seitens der Jugendämter auch die Grundlage für die Beurteilung der Entwicklungsbeeinträchtigung ist.

Ergänzende kontingenzanalytische Untersuchungen ergaben keinerlei signifikante Beziehungen zwischen der Schwere der Entwicklungsbeeinträchtigung und den unterschiedenen Problemgruppen. Alle Störungsformen können also offensichtlich mit einer mehr oder weniger ausgeprägten Funktionsbeeinträchtigung einhergehen. Demgegenüber zeigte sich aber ein signifikanter Zusammenhang zwischen Beeinträchtigungsgrad und Intelligenzniveau (Chi^2=8.29, df=2, p<.02). Bei unterdurchschnittlichem Intelligenzniveau sind relativ leichte Entwicklungsbeeinträchtigungen auffällig seltener anzutreffen als bei durchschnittlichem und höherem Intelligenzniveau . Der Tendenz nach sind leichtere Beeinträchtigungen auch bei teilleistungsschwachen Kindern seltener repräsentiert als bei Kindern ohne TLS-Problematik (Chi^2=5.21, df=2, p<.08). Die These, nach der gute kognitiv-intellektuelle Fähigkeiten einen Schutzfaktor darstellen, bestätigt sich also auch in dieser Studie (Holländer & Hebborn-Brass, 1989; Schmidt, 1986).

Psychosoziale Belastungen im Umfeld des Kindes erweisen sich größtenteils als nicht mit dem Schweregrad der Entwicklungsbeeinträchtigung korreliert. Die einzige Ausnahme bildet die Kategorie „Unzureichende elterliche Aufsicht und Steuerung". Kinder, die hiervon betroffen sind, erscheinen signifikant stärker in ihrer Entwicklung beeinträchtigt als nichtbetroffene (Chi^2=7.22, df=2, p<.03). Daneben deuten sich nur noch zwei andere Zusammenhänge an: eine „Erziehung, die eine unzureichende Erfahrung vermittelt" und „Lebensbedingungen mit möglicher psychosozialer Gefährdung" sind der Tendenz nach ebenfalls auffällig häufig mit einer hohen Beeinträchtigung der kindlichen Entwicklung assoziiert (Chi^2=5.42, df=2, p<.07 respektive Chi^2=5.94, df=2, p<.06). Spezifische Zusammenhänge zwischen Schwere der Beeinträchtigung und Vollständigkeit der Familie oder elterlicher Erwerbstätigkeit (versus soziale Transferleistungen) sind nicht nachzuweisen.

Exkurs: Ist die Gruppierung der Störungen berechtigt?

In Abschnitt 3.1.3 wurden vier Störungsgruppen unterschieden: (1) internalisierende Störungen, (2) Beziehungsstörungen, (3) Leistungs- und Entwicklungsstörungen und (4) externalisierende Störungen. Um näheren Aufschluß über die Probleme in diesen Gruppen wie auch zur Trennschärfe der Klassifikation zu erhalten, haben wir untersucht, ob und inwieweit sich die Störungsgruppen bezüglich anderer diagnostischer Merkmale unterscheiden. Die Prüfungen bezogen sich auf Intelligenz und Teilleistungsschwächen, psychosoziale Belastungen im Umfeld des Kindes, Schweregrad der Entwicklungsbeeinträchtigung sowie auf die einzelnen Skalen und den Gesamtauffälligkeitsindex der Child Behavior Checklist. Hinsichtlich der CBCL-Variablen, aber auch der Beurteilung bezüglich Teilleistungsschwächen mußte dabei ein deutlich verringerter Stichprobenumfang (TLS-Variable: n = 101, CBCL-Variablen: n = 71 bis n = 78) in Kauf genommen werden. Die Untersuchungen erfolgten anhand der Methode der Varianzanalyse, anschließende Vergleiche zwischen einzelnen Gruppen durch die Methode der a priori Kontraste. Außerdem wurden mit Hilfe von Kontingenzanalysen mögliche Zusammenhänge zwischen Problemgruppen und den soziographischen Variablen „Allein- vs. Familienerziehung“, „Art des Einkommens“ und „Berufsstatus des Vaters“ geprüft. Das Signifikanzniveau wurde mit $\alpha = .05$ festgelegt.

Ein großer Teil der varianzanalytischen Gruppenvergleiche weist keinerlei signifikante Unterschiede aus, auch wenn die Richtung der beobachteten Mittelwertsunterschiede vielfach den Erwartungen entspricht. Im Hinblick auf die Schwere der Entwicklungsbeeinträchtigung (SGKJ) zeigen sich ebenso wenig signifikante Gruppenunterschiede wie bezüglich der Gesamtauffälligkeit (CBCL). Von den einzelnen CBCL-Skalen liefert nur die Skala „Aufmerksamkeitsstörungen“ ein signifikantes Ergebnis. Eine vergleichsweise gute Differenzierungsfähigkeit kommt der Intelligenzvariable und auch der Diagnose bezüglich Teilleistungsschwächen zu. Überzufällige Gruppenunterschiede weisen schließlich auch eine Reihe der Analysen zu psychosozialen Belastungen aus. Sie betreffen „Mangel an emotionaler Wärme in der Eltern-Kind-Beziehung“, „Behinderung eines Elternteils“, „Erziehung, die eine unzureichende Erfahrung vermittelt“, „abweichende Elternsituation“, „Lebensbedingungen mit möglicher psychosozialer Gefährdung“, „chronische Streitbeziehungen zwischen Mitschülern“ und „allgemeine Unruhe in der Schule“. Zwischen den kontingenzanalytisch geprüften soziographischen Familienmerkmalen und den Problemgruppen lassen sich keine systematischen Assoziationen feststellen.

Das Muster der verschiedenen Abweichungen zwischen den vier Gruppen gibt Tab. 3.1–14 wieder.

Als relativ am klarsten charakterisiert erscheint die Gruppe der Kinder mit Leistungsstörungen. Sie weist einen erhöhten Wert auf der CBCL-Skala auch für Aufmerksamkeitsstörungen auf, ein relativ niedriges Intelligenzniveau und eine erhöhte Rate von

Tabelle 3.1–14: Abweichungen zwischen Störungsgruppen; signifikant erhöhte Mittelwerte sind durch „+", erniedrigte durch „–" und unauffällige durch „0" gekennzeichnet; Zeichen in Klammern zeigen an, daß der betreffende Gruppenmittelwert sich nur von einem der drei anderen Mittelwerte unterscheidet (Intern.St. = internalisierende Störungen, Beziehungsst. = Beziehungsstörungen, Leistungsst. = Leistungsstörungen, Extern.St. = externalisierende Störungen)

Variable	Intern.St.	Beziehungsst.	Leistungsst.	Extern.St.
Intelligenz	+	-	-	+
Teilleistungsstörung (TLS)	o	-	+	-
Aufmerksamkeitsstörung (CBCL)	-	+	+	+

Psychosoziale Belastungen				
Mangel an Wärme i.d.Eltern-Kind-Beziehung	(+)	+	-	-
Behinderung von Eltern	o	+	o	-
Mangel an Entwicklungsanregung	+	+	+	-
Abweichende Elternsituation	+	+	o	-
Widrige Lebensbedingungen	+	(+)	-	-
Chronischer Streit zwischen Mitschülern	-	o	+	+
Allgemeine Unruhe in der Schule	(-)	-	+	+

Teilleistungsschwächen. Das Bild rundet sich ab durch die vermehrten Zuschreibungen von einerseits schulischen Belastungen und andererseits ungenügenden Entwicklungsanregungen in der Erziehung. Die Vorannahme, daß diese Gruppe auch hyperkinetische Störungen umfaßt, wird durch das Muster dieser Abweichungen unterstützt. Inwieweit Teilleistungsschwächen zusammen mit einer hyperkinetischen Problematik oder als isolierte Störungen in der Gruppe enthalten sind, muß dabei allerdings offen bleiben.

Die Abweichungen, die die Gruppe der Kinder mit Beziehungsstörungen charakterisieren, sind vergleichsweise weniger eindeutig zu interpretieren. Der extrem häufig attribuierte Mangel an emotionaler Wärme in der Eltern-Kind-Beziehung spricht zwar in der Tat für Beziehungsstörungen. Angesichts der gleichzeitig erhöhten Aufmerksamkeitsprobleme kann aber vermutet werden, daß die Beziehungsstörung – zumindest teilweise – nicht Ursache, sondern Folge einer zugrundeliegenden nicht erkannten hyperkinetischen Störung ist (Döpfner, 1995). Wegen der pädagogisch-therapeutischen Bedeutung dieser Differenzierung erscheint es angezeigt, diese Gruppe deswegen als „primäre und sekundäre Beziehungsstörungen" zu spezifizieren.

Die Gruppe der Kinder mit externalisierenden Störungen ist ebenfalls durch erhöhte Aufmerksamkeitsprobleme und auffällig häufige schulische Probleme gekennzeichnet. Anders als die Gruppe der insoweit vergleichbaren Kinder mit Leistungsstörungen zeichnet sie sich aber gerade durch eine geringe Quote an Teilleistungsschwächen und ein eher gutes Intelligenzniveau aus. Außerdem fällt auf, daß psychosoziale Belastungen in der Familie (wie Mangel an emotionaler Wärme, abweichende Elternsituation) bei Kindern mit externalisierenden Störungen seltener eine Rolle spielen als bei den Kindern der anderen Gruppen. Diese Vergleichsergebnisse legen insgesamt den Schluß nahe, daß es sich bei den externalisierenden – aggressiven und dissozialen – Störungen dieser Kinder nicht um sekundäre bzw. begleitende Probleme einer zugrundeliegenden Leistungsschwäche oder Beziehungsstörung handelt, sondern um eine primäre Verwahrlosungsproblematik (Petermann & Kusch, 1993).

Bei der Gruppe der Kinder mit internalisierenden Störungen schließlich erscheint das Muster der Abweichungen weitgehend vereinbar mit der Annahme, daß es sich hier schwerpunktmäßig um Befindlichkeitsstörungen handelt. Die extrem geringen Aufmerksamkeitsprobleme in dieser Gruppe schließen jedenfalls hyperkinetische Störungen weitgehend aus. Die unauffällige Rate an Teilleistungsschwächen bei gleichzeitig relativ guter Intelligenz grenzen die Diagnosegruppe auch hinreichend von Leistungsstörungen ab. Die psychosozialen Belastungen in der Familie können aber vermuten lassen, daß die Gruppe möglicherweise auch „reaktive Bindungsstörungen im Kindesalter" einschließt.

Angesichts der beschriebenen Ergebnisse kann die Gruppierung der Probleme insgesamt als relativ angemessen und sinnvoll angesehen werden. Die Validierungsversuche weisen gleichzeitig aber auch auf eine begrenzte Trennschärfe der Klassifikation hin, was bei den häufig nicht sehr klaren Problembeschreibungen kein ganz unerwartetes Ergebnis ist.

3.2 Wie verläuft der Prozess der Hilfeplanung?

Unter dem Prozeß der Hilfeplanung werden im folgenden die Verarbeitung und Neugruppierung der erfragten Information unter Einflußnahme der verschiedenen Beteiligten verstanden. In die folgenden Auswertungen (3.2 bis 3.4) konnten nicht alle 128 Hilfeplanungen der ersten Teilerhebung einbezogen werden, weil einige von ihnen nicht innerhalb des Erhebungszeitraumes abgeschlossen wurden. (Zum Teil hatten die Personensorgeberechtigten ihren Antrag auf Erziehungshilfe zurückgezogen oder wollten ihn jedenfalls vorläufig ruhen lassen, zum Teil verzögerte sich der Abschluß der Hilfeplanung nur unvorhergesehen über den Zeitpunkt hinaus, an dem die Erhebungen beendet werden mußten.) Um den Stichprobenverlust möglichst gering zu halten, wurde bei relativ weit fortgeschrittenen Hilfeplanungen zumindest ein Teil der Datenerhebung zu Inhalt und Bewertung durchgeführt. Abgesehen von einzelnen variablenspezifischen fehlenden Angaben variiert der Stichprobenumfang bei den folgenden Analysen daher zwischen $n = 118$ und $n = 128$.

3.2.1 Was charakterisiert Hilfeplanprozesse?

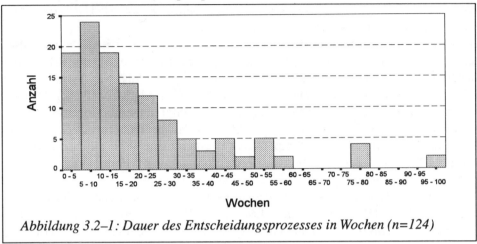

Abbildung 3.2–1: Dauer des Entscheidungsprozesses in Wochen (n=124)

Zwischen der ersten Kontaktaufnahme des/der Sachbearbeiter(s)/-in und dem Beginn der Hilfemaßnahme vergingen durchschnittlich 21 Wochen. Wie die linkssteile Verteilung in Abb. 3.2–1 belegt, waren allerdings schon in einem Drittel der Fälle die Hilfemaßnahmen nach maximal 8 Wochen, in der Hälfte der Fälle nach maximal 14 Wochen und in mehr als 80 % der Fälle nach maximal 30 Wochen eingeleitet. Die Fälle mit einer Entscheidungsdauer von mehr als 30 Wochen sind durch eine schwerere Problematik, durch eine verstärkte Entscheidungsverantwortlichkeit der Sachbearbeiter/-innen (71 % versus 57 % der Gesamtstichprobe) sowie durch eine größere Arbeitserfahrung der Sachbearbeiter/-innen ($\bar{x} = 15$ Jahre versus $\bar{x} = 10$ Jahre in der Gesamtstichprobe) gekennzeichnet. Die insgesamt sechs Ausreißer mit mehr als 75 Wochen Entscheidungsdauer waren ausschließlich Fälle mit einer komplexen Problematik und/oder begleitendem Gerichtsverfahren.

Tabelle 3.2–1: Änderung der Sichtweise während des Entscheidungsprozesses (n=125)

Modalität	Anzahl	Prozent
Keine Änderung	73	58,4
Kindbezogene Änderung	20	16,0
Maßnahmebezogene Änderung	18	14,4
Familienbezogene Änderung	5	4,0
Sonstiges	9	7,2

Während des Entscheidungsprozesses änderte sich nur bei 14 % der Befragten die Einschätzung bezüglich der geeigneten Hilfemaßnahme, während bei 58 % die Sichtweise bezüglich der Problematik konstant blieb (s. Tab. 3.2–1).

In den meisten Fällen bezogen die Sachbearbeiter/-innen Informationen von der Mutter (86 %) und dem Kind (82 %) (s. Tab. 3.2–2). Es folgten Jugendamt (61 %) und Schule (58 %), während der Vater nur in 47% der Fälle beteiligt war. Weiterhin fällt auf, daß Ärzte (16 %) und Psychotherapeuten (13 %) nur relativ selten als Informanten herangezogen wurden. Von den 27 in Tab. 3.2–2 aufgeführten Informantenkategorien wurden durchschnittlich sieben (s=2,6) von Sachbearbeitern mit einbezogen. Unter den Antworten der zum Zeitpunkt 1 gestellten Frage „Von welchen Personen erwarten Sie noch entscheidungsrelevante Informationen?" dominierten ebenfalls die Kategorien Mutter (26 %) und Kind (15 %).

Insgesamt wurden 15 % aller Informationen (7 % entscheidungsrelevant) aus Ämtern, 44 % (54 % entscheidungsrelevant) von Kind und Bezugspersonen, 26 % (22 % entscheidungsrelevant) aus pädagogischen bzw. durchführenden Einrichtungen, 6 % (11 % entscheidungsrelevant) von Experten und 7 % (9 % entscheidungsrelevant) von sonstigen Personen/Institutionen besorgt (s. Tab. 3.2–2).

Die Gesamtdauer der Gespräche, die ein/-e Sachbearbeiter/-in im Rahmen der Hilfeplanerstellung führte, betrug im Mittel 22 Stunden. Dieser hohe Wert ist auf mehrere Ausreißer – das Maximum lag bei 186 Stunden – und auf die linkssteile Verteilung zurückzuführen. Dementsprechend lag der Median bei nur 14 Stunden, das heißt, 50 Prozent der Interviewten begnügten sich mit höchstens 14 Gesprächsstunden bis zur Entscheidung über den Träger der Hilfemaßnahme.

Tabelle 3.2–3 belegt, daß die durchschnittliche Gesprächsdauer ca. 4 1/2 Stunden im Amt, 11 Stunden mit Kind bzw. Bezugspersonen, 5 Stunden mit Einrichtungen, 1 Stunde mit externen Experten und 1 1/2 Stunden mit sonstigen Personen/Institutionen betrug. Am längsten waren die Gespräche mit der Mutter und innerhalb des Jugendamtes geführt, gefolgt von solchen mit dem geplanten Träger. Gespräche mit dem Kind, sei es in Kombination mit der Mutter bzw. mit dem Vater oder alleine, hatten dagegen einen geringeren Stellenwert, ebenso wie Gespräche mit dem Vater sowie mit Psychologen und Ärzten.

Tabelle 3.2–2: Prozentuale Repräsentanz der Personen und Institutionen, die Informationen zur Planung beigesteuert haben (n=128)

Informanten		% bezogen auf n=128		% bezogen auf Summe aller Informationen	
		insge-samt	entsch.-relevant	insge-samt	entsch.-relevant
Amt	Jugendamt	61	6	9	6
	Aktenkenntnis	19	1	3	1
	Sozialamt	9	0	1	0
	Gesundheitsamt	5	0	1	0
	Vormund	4	0	1	0
Kind/ Bezugs-personen	Kind	82	15	12	14
	Mutter	86	26	13	24
	Vater	47	9	7	8
	Familienangehörige	27	2	4	2
	Geschwister	27	3	4	3
	Sozialer Vater	16	2	2	2
	Soziale Mutter	13	1	2	1
	Soziale Geschwister	2	0	0	0
Pädagog./ durchführ. Einrichtung	Schule	58	6	9	6
	Kindergarten, Hort	38	4	6	4
	Heim	19	3	3	3
	Erziehungsberatungsstelle	15	0	2	0
	Frühförderung etc.	13	3	2	3
	Träger früherer Intervention	13	1	2	1
	Sonstige Beratungsstelle	9	5	1	5
	Außerfam. Betreuungsperson	5	0	1	0
Experten	Arzt	16	5	2	5
	Psychotherapeut	13	3	2	3
	Klinik	13	3	2	3
Sonstige	Nachbarn, Vermieter	23	0	3	0
	Arbeitsstelle der Eltern	2	1	0	1
	Sonstige	25	9	4	8

Tabelle 3.2–3: Gesprächsdauer (Stunden), differenziert nach Gesprächspartnern (n=124); x̄: arithm. Mittelwert; s: Standardabweichung

	Gesprächspartner	x̄	s	Min.	Max.
Amt	Jugendamt	4,11	8,16	0	80
	Vormund	,10	,83	0	9
	Vormund und Kind	,07	,81	0	9
Kind/ Bezugspersonen	Mutter	4,65	8,48	0	80
	Vater	1,19	3,43	0	30
	Kind	,91	1,11	0	5
	Mutter und Kind	1,43	3,98	0	40
	Mutter und Vater	1,34	4,26	0	40
	Eltern und Kind	1,10	2,38	0	16
	Vater und Kind	,15	,91	0	9
Einrichtungen	geplanter Träger	2,34	3,90	0	30
	Schule / Kindergarten	1,47	1,64	0	9
	früherer Träger	,89	1,98	0	15
Experten	Psychologen / Ärzte	,62	1,27	0	7
Sonstige	Sonstige Gespräche	1,67	4,09	0	30

Weniger als die Hälfte der Interviewten (45%) konnten sich bei der Erstellung des Hilfeplans auf Gutachten oder schriftliche Stellungnahmen stützen. Wie aus Tab. 3.2–4 ersichtlich, entfielen die meisten der angeforderten Gutachten auf Psychologen in einer Einrichtung, Schulen bzw. Sonstige. Dagegen wurden Ärzte und niedergelassene Psychologen nur selten für eine schriftliche Stellungnahme herangezogen.

Tabelle 3.2–4: Relative Häufigkeit (%) bestimmter Gutachter, bezogen auf die Gesamtzahl der Gutachten (Mehrfachgutachten waren möglich) (n=124)

Gutachter	%
Psychologe in Einrichtung	23
Schule	20
Durchführende Einrichtung	13
Facharzt in Einrichtung	8
niedergelassener Facharzt	6
Anderes Jugendamt	4
niedergelass. Psychologe	4
Sonstige	22

Tabelle 3.2–5: Prozentuale Beteiligung von Kind, Mutter, Vater, Einrichtung und sonstigen Dritten an Erstellung des Hilfeplanes (n=126)

Beteiligung	Kind	Mutter	Vater	Einrichtung	Sonstige Dritte
ja	77	84	45	86	27
nein	23	16	55	14	73

In die Hilfeplanung wurden 84% der Mütter, aber nur 45% der Väter einbezogen (s. Tab. 3.2–5). Die Kinder wurden in 77% der Fälle an der Aufstellung des Hilfeplans beteiligt. Als Gründe für eine Nichtbeteiligung wurden ein zu geringes Alter (13%), äußere Umstände, wie z. B. sprachliche Barrieren (3%), Information des Kindes über Dritte (4%) und Sonstiges (3%) genannt. Während die geplanten Einrichtungen fast immer vertreten waren (86%), wurden in nur 27% der Fälle sonstige Dritte, wie z. B. Ärzte oder Psychologen, hinzugezogen.

Falls Kind, Mutter bzw. Vater an der Hilfeplanung beteiligt waren, äußerten sie meistens Wünsche bezüglich der Hilfemaßnahme, wobei mit 85% der Wert der Mütter am höchsten lag (s. Tab. 3.2–6).

Tabelle 3.2–6: Äußerung von Wünschen der Beteiligten bezüglich der Hilfemaßnahme (%)

Äußerung von Wünschen	Kind (n=93)	Mutter (n=107)	Vater (n=58)
ja	72	85	76
nein	28	15	24

Tabelle 3.2–7: Hilfeplan-Zustimmung der Beteiligten (%)

Hilfeplan-Zustimmung	Kind (n=93)	Mutter (n=107)	Vater (n=58)
ja	95	93	89
nein	5	7	11

Der überwiegende Anteil der Beteiligten stimmte dem erstellten Hilfeplan zu (s. Tab. 3.2–7); mit 95% war die Zustimmung bei den Kindern am höchsten, mit 89% bei den Vätern am niedrigsten.

Seitens der Kinder, Mütter und Väter wurden selten Bedenken bezüglich bestimmter Regelungen des aufgestellten Hilfeplans geäußert; von den Beteiligten der geplanten Einrichtungen wurde dies mit 8% noch unterboten. In den wenigen Fällen dagegen, in die externe Experten bzw. sonstige Dritte (Ärzte bzw. Psychologen) mit einbezogen wurden, meldete die Hälfte von ihnen Bedenken an, insbesondere bezüglich der Art der geplanten Maßnahme (s. Tab. 3.2–8). Die Gruppe „Sonstige Dritte" setzte sich zu 58 % aus Psychologen bzw. Ärzten, zu 27 % aus erzieherischen Institutionen und zu 15 % aus sonstigen Personen bzw. Institutionen zusammen.

Tabelle 3.2–8: Äußerung von Bedenken der Beteiligten bezüglich bestimmter Regelungen des aufgestellten Hilfeplans (%)

Äußerung von Bedenken	Kind (n=93)	Mutter (n=107)	Vater (n=58)	Einrichtung (n=109)	Sonstige Dritte (n=34)
ja	16	16	14	8	50
nein	84	84	86	92	50

Innerhalb des Jugendamtes kam es in 99 Fällen (81%) zu einer Teamsitzung. Dabei blieben die Mitarbeiter/-innen des Jugendamtes meistens (57%) unter sich. Falls Externe am Team teilnahmen, so waren es am ehesten Vertreter der geplanten Einrichtung (32%), während Familienmitglieder nur in 4% der Fälle teilnahmen. Die umfassende Konstellation „Jugendamt + Dritte + Familienmitglieder" kam nur zu 6% zustande. Aus Tab. 3.2–9 ist ersichtlich, daß die Teamsitzung zumeist vor der Hilfeeinleitung stattfand.

Auf die Frage, welche Person oder welcher Personenkreis letztlich die Verantwortung für die Entscheidungen der Hilfeplanung trage, antworteten nur 12 % mit „Team", während die meisten (57 %) Sachbearbeiter sich selbst verantwortlich sahen (s. Tab. 3.2–10).

Tabelle 3.2–9: Entscheidungsablauf im Jugendamt in Prozent (n=122)

Entscheidungsablauf	Prozent
Team vor Hilfeeinleitung	65
Team nach Hilfeeinleitung	16
Kein Team, nur ASD	12
Kein Team, aber alle informiert	3
Sonstiges	4

Tabelle 3.2–10: Verantwortungsträger für die Hilfeplanentscheidung in Prozent (n=123)

Verantwortungsträger	Prozent
Sachbearbeiter	57
Fachdienst	14
Team	12
ASD	5
ASD + Fachdienst	2
Abteilungsleiter	1
Jugendamtsleiter	1
Sonstige	9

Wie Tabelle 3.2–11 zeigt, waren zum zweiten Interviewzeitpunkt 43 % der Hilfepläne schriftlich dokumentiert. In knapp der Hälfte der Fälle wurden die Ergebnisse als Vermerke im HzE-Antrag (22%), als Aktenvermerke (17%) bzw. in anderen Formblättern (7%) festgehalten.

Tabelle 3.2–11: Dokumentation des Hilfeplans in Prozent (n=115)

Hilfeplan-Dokumentation	Prozent
HP liegt vor	43
Vermerke im HzE-Antrag	22
ausschließlich Aktenvermerke	17
HP wird noch erstellt	8
andere Formblätter	7
Sonstiges	4

3.2.2 Lassen sich bestimmte Hilfeplanprozesse voraussagen?

Dauer des Entscheidungsprozesses

Zwischen der Dauer des Entscheidungsprozesses und der Anzahl der Informanten besteht mit $r = 0,29$ ein signifikanter *(p < 0,001)* linearer Zusammenhang: je länger der Entscheidungsprozeß, desto mehr Informanten wurden herangezogen.
Eine ebenfalls signifikante *(p < 0,0001)* Korrelation von $r = 0,38$ ergab sich zwischen der Dauer des Entscheidungsprozesses und der Gesamtgesprächsdauer.

Der Entscheidungsprozeß der Fälle, in denen es zu einer Teamsitzung kam, dauerte mit 22 Wochen länger, als ohne Teamsitzung (16 Wochen). Falls es zu einer Teamsitzung kam, dauerten die Fälle mit der Konstellation „Jugendamt + Dritte" und „nur Jugendamt" mit 26 bzw. 22 Wochen am längsten, die mit der Konstellation „Jugendamt + Familienangehörige" und „Jugendamt + Dritte + Familienangehörige" mit 7 bzw. 13 Wochen am kürzesten; die beschriebenen Gruppenunterschiede sind allerdings nicht signifikant.

Die Variable „Verantwortungsträger" übte keinen signifikanten Einfluß auf die Dauer des Entscheidungsprozesses aus. Allerdings ist bemerkenswert, daß die Fälle, in denen sich die Sachbearbeiter/-innen selbst als verantwortlich sahen, im Durchschnitt ein halbes Jahr dauern, während die Fälle, für deren Entscheidung der Fachdienst verantwortlich gemacht wurde, nur ca. elf Wochen bis zum Maßnahmebeginn dauerten (s. Tabelle 3.2–12).

Der Entscheidungsprozeß dauerte um so länger, je schwerer die Problematik der Kinder war; die Korrelation dieser beiden Variablen war mit $r = 0,33$ signifikant $(p < 0,0001)$.

Weder die Variable „Änderung der Sichtweise während des Entscheidungsprozesses" (s. Tab. 3.2–1, S. 47) noch die Art der gewählten Maßnahme übten einen signifikanten Einfluß auf die Dauer des Entscheidungsprozesses aus (s. Tab. 3.2–13). Allerdings fällt in Tab. 3.2–13 die geringe Dauer von durchschnittlich 14,6 Wochen bei teilstationären Entscheidungen auf.

Tabelle 3.2–12: Rangreihe der durchschnittlichen Dauer des Entscheidungsprozesses (Wochen), differenziert nach den Verantwortungsträgern (n=123)

Verantwortungsträger	n	Dauer in Wochen $(\bar{x})$
Sachbearbeiter	70	25,5
Jugendamtsleiter	1	24,0
Team	15	18,2
Sonstige	11	18,0
ASD	6	17,5
ASD + Fachdienst	2	11,5
Fachdienst	17	10,7
Abteilungsleiter	1	8,00
Gesamt	123	21,1

Tabelle 3.2–13: Durchschnittliche Dauer des Entscheidungsprozesses (Wochen), differenziert nach der gewählten Maßnahmeart (n=124)

Maßnahmeart	n	Dauer in Wochen ($\overline{x}$)
Ambulant	26	20,7
SPFH	29	23,1
Teilstationär	25	14,6
Vollstationär	44	23,3
Gesamt	124	21

Es besteht ein signifikanter *(p < 0,05)* Zusammenhang zwischen der Berufserfahrung und der Dauer des Entscheidungsprozesses: je größer die Berufserfahrung, desto länger dauerte der Entscheidungsprozeß *(r = 0,23)*.

Änderung der Sichtweise

Zwischen den Variablen „Änderung der Sichtweise" (s. Tabelle 3.2–1, S. 47) und den Variablen „Gesamtdauer der Gespräche" (s. S. 50)", „Anzahl der Informanten" (s. S. 49) sowie „Berufserfahrung" besteht kein signifikanter Zusammenhang. Allerdings fällt auf, daß im Falle einer kindbezogenen Änderung der Sichtweise die Gesamtgesprächsdauer mit 33,5 Stunden um über 50 % gegenüber dem Durchschnitt der Gesamtstichprobe verlängert war.
Die Gruppe mit keiner Änderung der Sichtweise wies mit durchschnittlich 9 Jahren die geringste, die mit einer maßnahmebezogenen Änderung der Sichtweise mit 13 Jahren die größte Berufserfahrung auf.
Die Schwere der Problematik sowie die Art der gewählten Hilfemaßnahme übten ebenfalls keinen signifikanten Einfluß auf die Variable „Änderung der Sichtweise" aus.

Informanten

Die Korrelation zwischen der Anzahl der Informanten und der Gesamtgesprächsdauer war mit *r = 0,44* signifikant *(p < 0,0001)*; dagegen besteht zwischen der Berufserfahrung der Sachbearbeiter/-innen und der Anzahl der Informanten kein bedeutsamer Zusammenhang.
Wie in Tabelle 3.2–14 dargestellt, war die Zahl der Informanten, die von dem/der Sachbearbeiter/-in her angezogen wurden, von der Art der gewählten Hilfemaßnah-

me abhängig *(p < 0,05):* Bei vollstationären Fällen wurden die meisten, bei ambulanten Fällen die wenigsten Informanten benötigt.

Zwischen der Anzahl der Informanten und der Art der Hilfeplan-Dokumentation gab es ebenfalls einen signifikanten *(p < 0,05)* Zusammenhang: In den Fällen eines vorliegenden, schriftlichen Hilfeplans bzw. einer Dokumentation mit Hilfeplan-Formblättern wurden mehr Informanten (7,5 bzw. 7,6) beteiligt, als in den Fällen mit einer Dokumentation, die ausschließlich aus Aktenvermerken (5,3) bestand.

Tabelle 3.2–14: Durchschnittliche Anzahl der Informanten, in Abhängigkeit von der gewählten Maßnahmeart (n = 124)

Maßnahmeart	n	Anzahl der Informanten $(\bar{x})$
Ambulant	26	5,4
SPFH	29	6,9
Teilstationär	25	6,3
Vollstationär	44	7,3
Gesamt	124	6,6

Die Variable „Schwere der Problematik" (Steinhausen, 1985) sowie die Kategorie des Verantwortungsträgers übten keinen bedeutsamen Einfluß auf die Anzahl der Informanten aus.

Tabelle 3.2–15:Durchschnittliche Gesamtdauer der Gespräche, in Abhängigkeit von der gewählten Maßnahmeart (n = 124)

Maßnahmeart	n	Gesprächsdauer $(\bar{x})$
Ambulant	26	14,1
SPFH	29	25,5
Teilstationär	25	14,1
Vollstationär	44	28,8
Gesamt	124	22,0

Gesamtgesprächsdauer

Die Maßnahmeart scheint einen großen Einfluß ($p < 0,05$) auf die Gesamtgesprächsdauer auszuüben (s. Tab. 3.2–15): Während bei vollstationären und SPFH-Fällen durchschnittlich 29 bzw. 26 Geprächsstunden anfielen, so waren dies bei ambulanten und teilstationären Fällen nur 14 Stunden.

Je größer die Berufserfahrung, desto länger war die Gesamtgesprächsdauer *(r = 0,19; p < 0,05)*. Im Gegensatz dazu war die Gesamtgesprächsdauer nicht von der Kategorie des Verantwortungsträgers, der Art der Hilfeplan-Dokumentation bzw. der Schwere der Problematik abhängig.

Verantwortung

Die Kategorie des Verantwortungsträgers stand in keinem signifikanten Zusammenhang mit der Schwere der Problematik und der Art der Dokumentation.

Im Gegensatz dazu gab es einen signifikanten Zusammenhang zwischen der Kategorie des Verantwortungsträgers und der Maßnahmeart: bei den ambulanten Maßnahmen waren die Sachbearbeiter/-innen über- und der Fachdienst unterrepräsentiert, bei SPFH-Maßnahmen wurde überdurchschnittlich oft das Team als Verantwortungsträger genannt, bei den teilstationären Maßnahmen war der Fachdienst über- und die Sachbearbeiter/-innen unterrepräsentiert, während es bei den vollstationären Fällen keine auffällige Diskrepanz zwischen tatsächlichen und erwarteten Häufigkeiten gab.

Dokumentation

Zwischen der Maßnahmeart und der Art der Hilfeplan-Dokumentation gab es einen signifikanten *(p < 0,01)* Zusammenhang, der nachfolgend erläutert wird (s. Tab. 3.2–16). Bei den ambulanten Fällen lag der Hilfeplan zum zweiten Interviewzeitpunkt verhältnismäßig selten, bei den teilstationären Fällen verhältnismäßig oft schriftlich formuliert vor. Vermerke im Rahmen des HzE-Antrages waren bei den SPFH-Fällen über- und bei den teilstationären Fällen unterrepräsentiert. Eine ausschließlich aus Aktenvermerken bestehende Dokumentation fand sich oft bei ambulanten, selten dagegen bei vollstationären Maßnahmen.

Ein Zusammenhang zwischen der Art der Hilfeplan-Dokumentation und der Schwere der Problematik war nicht zu erkennen.

Tabelle 3.2–16: Tatsächliche (1. Zellenzeile) und erwartete (2. Zellenzeile) Häufig-keiten der Art der Hilfeplan-Dokumentation, in Abhängigkeit von der Maßnahmeart (n=115)

	ambulant	SPFH	Zeile teilstat	vollstat	Total
HP liegt vor	4 9,8	10 11,9	15 8,9	20 18,3	49 42,6%
HP wird erstellt	2 1,8	3 2,2	0 1,6	4 3,4	9 7,8%
HP - Formblätter	1 1,6	1 1,9	2 1,5	4 3,0	8 7,0%
Vermerke HzE-Antr	4 5,0	11 6,1	2 4,6	8 9,3	25 21,7%
Aktenvermerke	11 4,0	3 4,9	2 3,7	4 7,5	20 17,4%
Sonstiges	1 ,8	0 1,0	0 ,7	3 1,5	4 3,5%
Spalte Total	23 20,0%	28 24,3%	21 18,3%	43 37,4%	115 100,0%

Berufserfahrung

Es besteht ein signifikanter *(p < 0,05)* Zusammenhang zwischen der Berufserfahrung und der Dauer des Entscheidungsprozesses: je größer die Berufserfahrung, desto länger dauerte der Entscheidungsprozeß *(r = 0,23)*.

Tabelle 3.2–17: Durchschnittliche Berufserfahrung des/der Sachbearbeiters/-in (Jahre), in Abhängigkeit von der Kategorie des Verantwortungsträgers (n = 123)

Verantwortungsträger	n	Berufserfahrung in Jahren ($\bar{x}$)
Team	15	14,9
Sachbearbeiter	70	11,8
Sonstige	11	10,0
ASD	6	5,6
ASD + Fachdienst	2	5,5
Fachdienst	17	3,5
Abteilungsleiter	1	2,0
Jugendamtsleiter	1	2,0
Gesamt	123	10,3

Aus Tabelle 3.2–17 ist ersichtlich, daß Sachbearbeiter/-innen mit einer größeren Berufserfahrung eher sich selbst bzw. das Team als verantwortlich für die Entscheidung sahen, während Sachbearbeiter/-innen mit weniger Berufserfahrung eher dem ASD, dem Fachdienst, dem Abteilungsleiter oder dem Amtsleiter die Verantwortung für die getroffene Entscheidung zuschreiben *(p < 0,01)*.

Sachbearbeiter/-innen mit größerer Berufserfahrung änderten eher ihre Sichtweise bezüglich der geeigneten Maßnahme und waren eher bereit, Familie und Externe in die Teamsitzung miteinzubeziehen als ihre unerfahreneren Kolleg(en)/(innen).

Es besteht ein signifikanter Zusammenhang zwischen Berufserfahrung und Dokumentation: Falls zum zweiten Interviewzeitpunkt der Hilfeplan schriftlich fixiert vorlag, so war er von Sachbearbeitern mit geringer Berufserfahrung ($\bar{x} = 7$ Jahre) erstellt worden.

Ebenfalls signifikante Zusammenhänge bestehen zwischen Berufserfahrung und Maßnahmearten:

● Sachbearbeiter/-innen mit SPFH-Entscheidung hatten im Durchschnitt 15, solche mit teilstationärer Entscheidung nur 6 Jahre Berufserfahrung *(p < 0,01)*.

● Besondere schulische, pädagogische und therapeutische Maßnahmen wurden eher von Sachbearbeiter(n)/(innen) mit geringer Berufserfahrung eingeleitet *(p < 0,1)*.

3.3 Wie weit sind die Hilfeentscheidungen problem- und umfeldbezogen?

Zur Frage der bedarfsgerechten Wahl von Erziehungshilfen, wie sie der Gesetzgeber vorschreibt, soll im folgenden analysiert werden, inwieweit sich die Hilfeentscheidungen an der Problematik des Kindes und seines Umfeldes orientieren. Dabei interessiert sowohl, welche Aspekte der Gesamtproblematik bei welcher Entscheidung eine Rolle spielen, als auch, wie eng bestimmte Hilfeentscheidungen mit speziellen Problemen zusammenhängen.

3.3.1 Welche Probleme rücken in den Mittelpunkt des Hilfeplanes?

Nachdem in Abschnitt 3.1.3 die Gesamtproblematik von Kind und Familie aus Sicht des Jugendamtes dargestellt wurde, soll im folgenden der Frage nachgegangen werden, welche Probleme nach weitgehendem Konsens aller Beteiligten vorrangig verändert bzw. abgebaut werden sollen. Welche Probleme werden also im Hilfeplan fokussiert? Ersten Aufschluß hierzu liefert Tab. 3.3–1.

Die erste Zahlenspalte gibt die relative Häufigkeit wieder, mit der die unterschiedenen kind-, eltern- und familienbezogenen Probleme jeweils als Hauptprobleme des Hilfeplanes definiert wurden. Globale Veränderungen gegenüber der allgemeinen Problembeschreibung lassen sich in der Spalte „Differenz %" ablesen. Näher aufgeschlüsselt werden die Abweichungen in den beiden vorletzten Spalten „-Diff %" (= Anteil der Probleme, die gesehen, aber nicht als Hauptproblem in den Hilfeplan aufgenommen wurden) und „+Diff %" (= Anteil der Probleme, die von den Jugendämtern zunächst nicht beschrieben, aber als zentrales Problem des Hilfeplanes genannt wurden). Abweichungen des zuletzt genannten Typs dürften dabei sowohl auf diagnostische Unsicherheiten als auch auf die Konsensherstellung zwischen Jugendamt und Betroffenen zurückgehen. Die Signifikanzprüfung der Abweichungen erfolgte anhand des Vorzeichentests zum Vergleich von abhängigen Stichproben.

Bezogen auf die Probleme der Kinder ergeben sich nur bei der Kategorie „andere Probleme" signifikante Verschiebungen. Etwa 12% dieser vom Jugendamt gesehenen Probleme werden im Hilfeplan nicht weiter berücksichtigt, während gleichzeitig bei fast einem Drittel der Kinder solche eher unklar bestimmten Probleme fokussiert werden, ohne vom Jugendamt beschrieben worden zu sein. Daneben deuten sich nur noch Verschiebungen bezüglich der Kategorie „externalisierende Probleme" an. Vom Jugendamt gesehene aggressive und dissoziale Störungen werden bei fast einem Fünftel der betreffenden Kinder nicht explizit im Hilfeplan genannt; entgegengesetzte Veränderungen kommen vergleichsweise seltener, nämlich bei knapp einem Zehntel, vor.

Tabelle 3.3–1: Spezifizierte Probleme des Hilfeplanes: Relative Häufigkeiten und Abweichungen von der Gesamtbeschreibung der Probleme (n = 118; Mehrfachnennungen)

Probleme des Kindes	Häufigkeit %	Differenz %	- Diff %	+ Diff %	Signifikanz
Keine	24	+2	14	16	*n.s.*
Externalisierende Probleme	30	-10	19	9	*p<.10*
Leistungsprobleme	19	+2	9	10	*n.s.*
Internalisierende Probleme	14	-4	9	5	*n.s.*
Entwicklungsstörungen	11	-2	9	8	*n.s.*
Sexueller Mißbrauch	9	-1	5	4	*n.s.*
Psychische Probleme bei körperlichen Belastungen	2	-2	2	1	*n.s.*
Andere Probleme	44	+19	12	31	*p<.005*

Probleme der Eltern					
Keine	48	+35	5	40	*p<.000*
Erziehungsmängel	42	-26	35	9	*p<.000*
Psychische oder körperliche Beeinträchtigung	12	-21	23	2	*p<.000*
Organisatorische Überforderung	11	-28	32	4	*p<.000*
Ökonomische Probleme	8	-4	9	5	*n.s.*
Andere Probleme	12	-18	25	8	*p<.005*

Probleme der Familie					
Keine	59	+31	9	39	*p<.000*
Beziehung Kind-Mutter	19	-12	16	4	*p<.01*
Beziehung Kind-Vater	11	0	4	4	*n.s.*
Beziehung der Eltern	9	-13	16	3	*p<.005*
Stiefproblematik	2	-10	10	0	*p<.001*
Geschwisterrivalität	2	-7	7	0	*p<.01*
Kulturkonflikte	0	-5	5	0	*n.s.*
Andere Probleme	17	-10	22	12	*p<.10*

Hinsichtlich der Probleme von Familien und speziell von Eltern sind dagegen durchweg ausgeprägte, statistisch bedeutsame Abweichungen festzustellen. Ausnahmen bilden nur „ökonomische Probleme" und „Kulturkonflikte" – Probleme, die insgesamt selten beschrieben wurden – sowie „Beziehungsprobleme zwischen Kind und Vater". Alle anderen Probleme -darunter auch erzieherische Schwierigkeiten sowie Beziehungsprobleme zwischen Kind und Mutter – werden zu großen Teilen aus den Hilfeplänen ausgeklammert. Daß eltern- und familienbezogene Probleme gegenüber den Problemen der Kinder stärker in den Hintergrund rücken, läßt sich besonders deutlich an den Kategorien „keine Probleme" ablesen. Bei jeweils etwa 40% der Eltern bzw. der Familien wurden Probleme vom Jugendamt gesehen, im Hilfeplan aber nicht weiter thematisiert. Demgegenüber beträgt die entsprechende Quote bei Kindern nur 16%. Gleichzeitig ist umgekehrt bei Kindern häufiger als bei Eltern bzw. Familien zu beobachten, daß im Hilfeplan ein Problem von ihnen benannt wird, obwohl von Seiten des Jugendamtes zunächst eine weitgehende Unauffälligkeit bescheinigt worden war.

Insgesamt kann aus diesen Ergebnissen der Schluß gezogen werden, daß die Hilfepläne stärker auf die kindliche Problematik ausgerichtet werden, während Probleme der Eltern bzw. der gesamten Familie in den Hintergrund rücken. Auf die Bedeutung dieser Fokussierung soll in der zusammenfassenden Ergebnisdiskussion eingegangen werden. Schon an dieser Stelle sei aber hervorgehoben, daß die Ausklammerung von elterlichen Erziehungsproblemen bei immerhin einem Drittel der untersuchten Klientel durchaus kritikwürdig erscheint.

Um differenzierteren Aufschluß zu den ausgewählten kindlichen Problemen zu erhalten, die in den Mittelpunkt der Hilfepläne gestellt werden, haben wir die Problemkategorien anschließend einer Faktorenanalyse (nach der gleichen Methode wie unter 3.1.3 beschrieben) unterzogen. Die nach dem Scree-Test angezeigte 4–Faktorenlösung erklärt zwar nur 29% der Varianz, liefert aber eine ausreichend prägnante Faktorenstruktur. Faktor I repräsentiert ausschließlich *gestörte Beziehungen zwischen beiden Elternteilen und Kind,* Faktor II ausschließlich *Probleme der Eltern* (psychische oder körperliche Beeinträchtigung von Eltern, ökonomische Probleme, Erziehungsmängel, organisatorische Überforderung, Streit zwischen Eltern). Faktor III ist klar definiert durch *kindliche Leistungsstörungen, verbunden mit aggressiv-dissozialem Verhalten,* also externalisierenden Störungen. Faktor IV schließlich, auf dem neben der Kategorie „Entwicklungsstörungen" auch noch „sexueller Mißbrauch" und „ökonomische Probleme" relativ hoch laden, kann als *teilweise milieuabhängige, reaktive Entwicklungsstörungen* interpretiert werden. Die Kategorie „internalisierende Probleme" zeigt auf keinem Faktor nennenswerte Ladungen und korreliert auch nicht signifikant mit anderen Problemkategorien.

Um einen Vergleich mit den auf der Basis der allgemeinen Beschreibung gebildeten Problemgruppen zu ermöglichen, wurde außerdem eine weitgehend analoge Gruppierung der fokussierten Probleme durchgeführt. In Berücksichtigung der faktorenanalytischen Ergebnisse wurde allerdings eine zusätzliche Gruppe „Elternprobleme" gebildet, auch wenn dies die Vergleichbarkeit natürlich einschränkt. In Tab. 3.3–2 sind die Gruppen der fokussierten Probleme den Gruppen der insgesamt beschriebenen Probleme gegenübergestellt.

Beim Vergleich der Randhäufigkeiten fällt auf, daß die Gruppe von Kindern mit „Beziehungsstörungen" im Zuge der Problemfokussierung auf mehr als das Doppelte anwächst (36% gegenüber 16%). „Internalisierende Probleme" (wie Angst oder Depression) werden dagegen ebenso wie „externalisierende Probleme" (mit Aggressivität und Dissozialität) bei der Fokussierung fast nur noch halb so vielen Kindern zugeschrieben wie im Rahmen der allgemeinen Problemanalyse (10% gegenüber 19% bzw. 18% gegenüber 34%).

Die Konstanz der Gruppenzuordnung, abzulesen an den relativen Häufigkeiten in den Zellen auf der Hauptdiagonale, variiert zwischen 23% (bei der Gruppe der „internalisierenden Probleme") und 63% (bei der Gruppe der „Beziehungsprobleme"). Dies weist noch einmal auf eine relativ große Unsicherheit bzw. Unklarheit der diagnostischen

Zuordnung hin. Dabei entsprechen auffällige Veränderungen in der Gruppenzuordnung weitgehend den Annahmen, die im Rahmen der Validierungsversuche (vgl. Abschnitt 3.1–7) aufgestellt wurden. So ist übereinstimmend mit der Vermutung, daß unter „internalisierende Probleme" auch „reaktive Bindungsstörungen des Kindesalters" subsumiert sein könnten, zu beobachten, daß etwa 45% der „internalisierenden Probleme" bei der Fokussierung den „Beziehungsstörungen" zugerechnet werden. Von den „Beziehungsstörungen" werden entsprechend der Hypothese, daß diesen zum Teil Leistungsdefizite der Kinder zugrundeliegen, im Rahmen der Fokussierung gut 20% zu „Leistungsstörungen" umdefiniert. Daß die Abgrenzung der Gruppen von Beziehungs- und Störungsproblemen schwer fällt, zeigt außerdem auch die Beobachtung, daß umgekehrt gut 25% der „Leistungsstörungen" im Rahmen der Fokussierung zu „Beziehungsstörungen" umgedeutet werden. Wenn schließlich auch „externalisierende Störungen" zu gut 25% in „Beziehungsstörungen" umdefiniert werden, bedeutet dies offensichtlich eine Einengung des beschriebenen aggressiv-dissozialen Verhaltens auf den Bereich der Familie. Wie berechtigt dies ist oder nicht, kann dabei hier nicht entschieden werden.

Tabelle 3.3–2: Vergleich von Problemgruppierungen aufgrund der allgemeinen Beschreibung und der Fokussierung (Intern.St. = internalisierende Störungen, Beziehungsst. = Beziehungsstörungen, Leistungsst. = Leistungsstörungen, Extern.St. = externalisierende Störungen, Elt.Prob. = Elternprobleme)

		Fokus: Intern.St.	Fokus: Beziehungsst.	Fokus: Leistungsst.	Fokus: Extern.St.	Fokus: Elt.Prob.	Gesamt
Beschreib.-Grupp.:	f	5	10	5		2	22
Intern.St.	%	22,7	45,5	22,7		9,1	18,6
Beschreib.-Grupp.:	f	1	12	4	2		19
Beziehungsst.	%	5,3	63,2	21,1	10,5		16,1
Beschreib.-Grupp.:	f	4	10	15	3	5	37
Leistungsst.	%	10,8	27,0	40,5	8,1	13,5	31,4
Beschreib.-Grupp.:	f	2	11	7	16	4	40
Extern.St.	%	5,0	27,5	17,5	40,0	10,0	33,9
Gesamt	f	12	43	31	21	11	118
	%	10,2	36,4	26,3	17,8	9,3	100,0

Insgesamt lassen diese Ergebnisse einen Mangel an diagnostischer Systematik erkennen, der nicht nur einer gezielten Indikationsstellung im Wege steht, sondern auch die Überprüfung der Angemessenheit von konkreten Hilfeentscheidungen erschwert.

3.3.2 Wie bestimmen Problematik und Umfeld einzelne Hilfeentscheidungen?

Die Hilfeentscheidungen, die im folgenden näher untersucht werden sollen, betreffen die Form der Erziehungshilfe, die Art der schulischen Förderung, etwaige therapeutische Leistungen sowie zusätzliche Hilfen für die Familie.

Entscheidungen über die Hilfeart

Wie sich die interessierenden vier Erziehungshilfeformen in der Stichprobe verteilen, kann Tab. 3.3–3 entnommen werden. Die von der Untersuchungsplanung abweichende ungleichmäßige Repräsentanz der vier Hilfearten spiegelt dabei nicht die allgemeinen Verhältnisse bezüglich der Hilfegewährung wieder. Sie zeigt vielmehr
zum einen die eingeschränkte Verfügbarkeit von Sozialpädagogischer Familienhilfe
und Tagesgruppenbetreuung, zum anderen eine häufige Tendenz in der Jugendhilfepraxis, bei ambulanten Hilfen auf die Erstellung von Hilfeplänen zu verzichten.

Tabelle 3.3–3: Verteilung von Erziehungshilfen (n = 124)

Hilfeart	Häufigk.	Proz.
Ambulante Hilfe	**26**	**21**
- Erziehungsberatung (§ 28 KJHG)	21	17
- Soziale Gruppenarbeit (§ 29 KJHG)	5	4
Sozialpädagogische Familienhilfe (§ 31 KJHG)	**29**	**23**
Erziehung in einer Tagesgruppe (§ 32 KJHG)	**25**	**20**
Vollstationäre Hilfe	**44**	**36**
- Heimerziehung (§ 34 KJHG)	39	32
- Vollpflege (§ 33 KJHG)	5	4

Kombinationen der beschriebenen Erziehungshilfeformen mit weiteren Hilfen nach
dem Kinder- und Jugendhilfegesetz oder dem Bundessozialhilfegesetz sind insgesamt selten geplant. Eine Kombination mit anderen KJHG-Hilfen ist nur in 8% der
Hilfepläne vorgesehen (zur Hälfte davon bei ambulanten Maßnahmen), mit gleichzei-
tigen BSHG-Hilfen in 5% der Hilfepläne (gleichmäßig über die vier Erziehungshilfeformen hinweg verteilt).

Welche Beziehungen zwischen der Art der Erziehungshilfe einerseits und den in
Abschnitt 3.1 beschriebenen problem- und umfeldbezogenen Merkmalen andererseits bestehen, haben wir vorrangig mit Hilfe von Kontingenzanalysen geprüft.
Obwohl das Signifikanzniveau wiederum mit $\alpha = .05$ festgelegt wurde, werden in der
folgenden Ergebnisdarstellung auch tendenzielle Zusammenhänge mit einer Irrtums-
wahrscheinlichkeit von 10 % berücksichtigt.

Von den Variablen, die verhaltens- und leistungsbezogene Aspekte der kindlichen
Problematik erfassen, erweisen sich viele als nicht mit der Wahl der Hilfeart korreliert. Statistisch signifikante und tendenzielle Zusammenhänge sind in Tabelle 3.3–4
dargestellt.

Die Schwere der Entwicklungsbeeinträchtigung, die sich aus der Gesamtproblematik ergibt, stellt offensichtlich eines der bedeutsameren Entscheidungskriterien für
die Wahl der Hilfeart dar. Wie die Verteilung der relativen Häufigkeiten zeigt, werden ambulante, aber auch teilstationäre Erziehungshilfen mit zunehmendem Schwe-

regrad seltener, vollstationäre entsprechend deutlich häufiger gewählt. Die Form der Sozialpädagogischen Familienhilfe scheint am ehesten bei mittelschweren Beeinträchtigungen bevorzugt zu werden, während sie bei hohem, aber auch bei geringem Beeinträchtigungsgrad relativ selten anzutreffen ist.

Von Einfluß für die Wahl der Hilfeart sind offensichtlich auch die Fokusprobleme, auf die die Hilfepläne schwerpunktmäßig ausgerichtet werden. Bei Kinder der „internalisierenden" Problemgruppe fällt nur auf, daß sie vergleichsweise selten einer teilstationären Betreuung zugeführt werden; die Form der Tagesgruppenerziehung erscheint danach aus Sicht der Jugendämter bei emotionalen Störungen als eher kontraindiziert. Bei „Beziehungsproblemen" gilt in der Praxis der Jugendhilfe offensichtlich eine vollstationäre Hilfe, d. h. vor allem eine Betreuung im Heim als geeignete Form der Intervention. Zur Behandlung von „Leistungsproblemen" werden ambulante Hilfen ähnlich häufig wie teil- und vollstationäre Hilfen gewählt, kontraindiziert erscheint aus Sicht der Jugendämter hier nur die Sozialpädagogische Familienhilfe. Deren Domäne sind offensichtlich vielmehr Familien, in denen die Problemträger die Eltern und nicht das Kind sind. Bei Kindern mit „externalisierenden", also dissozialen Problemen wird schließlich erwartungsgemäß bevorzugt Heimerziehung gewählt.

Daß für die Entscheidung der Hilfeart das Vorliegen eines schulischen Rückstandes eine größere Rolle spielt als das Vorliegen einer Teilleistungsschwäche, zeigt das unterschiedliche Signifikanzniveau. Völlig ohne Bedeutung ist den Ergebnissen zufolge das Niveau der allgemeinen kognitiv-intellektuellen Fähigkeiten. Dies deutet noch einmal auf den bereits konstatierten Mangel an systematischer Diagnostik mit entsprechend differenzierten Methoden in der Praxis der Jugendhilfe hin.

Die beobachtete Verteilung bezüglich der Variable des Schulrückstands zeigt, daß dieser nicht als differentielles Indikationskriterium bezüglich Sozialpädagogischer Familienhilfe, teil- und vollstationärer Hilfe angesehen werden kann. Er dient offensichtlich vielmehr nur als Ausschlußkriterium einer ambulanten Hilfe.

Zwischen den erhobenen soziographischen Familienmerkmalen und der Wahl der Erziehungshilfeart lassen sich keine signifikanten Zusammenhänge feststellen. Es deuten sich lediglich schwache Assoziationen mit der Familienkonstellation und dem elterlichen Einkommen an (vgl. Tab. 3.3–5). Danach wird für Kinder aus intakten leiblichen Familien bevorzugt die teilstationäre Form der Tagesgruppenbetreuung gewählt, während der Schwerpunkt für Kinder aus Stief- und anderen Familien mit mindestens einem sozialen Elternteil auf der vollstationären Erziehungshilfe liegt. Bei Kindern alleinerziehender Eltern ist im Vergleich zu den anderen Kindern am ehesten eine etwas häufigere Wahl der Sozialpädagogischen Familienhilfe zu beobachten.

Tabelle 3.3–4: Zusammenhänge zwischen Art der Erziehungshilfe und Merkmalen der kindlichen Problematik (Prüfgröße: Chi-Quadrat)

Merkmale der kindlichen Problematik	Ambulante Hilfe	Sozialpäd. Fam.-Hilfe	Teilstat. Hilfe	Vollstat. Hilfe	*Signifikanz*
Schwere der Störung:					
- Leicht (SGKJ 1-4)	33 %	15 %	23 %	30 %	*p<.01*
- Mittel (SGKJ 5-6)	21 %	32 %	23 %	25 %	
- Schwer (SGKJ 7-10)	7 %	19 %	13 %	61 %	
Fokus-Problemgruppe:					
- Internalisierende Probleme	33 %	25 %	8 %	33 %	*p<.01**
- Beziehungsprobleme	14 %	25 %	16 %	45 %	
- Leistungsprobleme	26 %	10 %	32 %	32 %	
- Externalisierende Probleme	24 %	14 %	24 %	38 %	
- Elternprobleme	18 %	73 %	9 %	0 %	
Teilleistungsschwäche (TLS):					
- TLS gegeben	19 %	22 %	33 %	25 %	*p<.10*
- Keine TLS	21 %	24 %	13 %	42 %	
Schulrückstand:					
- Mindestens ein Jahr	2 %	37 %	27 %	34 %	*p<.001*
- Kein Rückstand	35 %	11 %	20 %	33 %	

* = Modellvoraussetzungen nicht erfüllt

Tabelle 3.3–5: Zusammenhänge zwischen Art der Erziehungshilfe und soziographischen Familienmerkmalen (Prüfgröße: Chi-Quadrat)

Soziographische Familienmerkmale	Ambulante Hilfe	Sozialpäd. Fam.-Hilfe	Teilstat. Hilfe	Vollstat. Hilfe	*Signifikanz*
Familienkonstellation:					
- Intakte leibliche Familie	21 %	18 %	34 %	26 %	*p<.10*
- Andere vollständige Familie	24 %	24 %	6 %	47 %	
- Ein-Eltern-Familie	19 %	30 %	19 %	32 %	
Einkommensart:					
- Transferleistungen	12 %	24 %	12 %	52 %	*p<.10*
- Erwerbstätigkeit	24 %	23 %	23 %	29 %	

Die Hauptergebnisse zu Beziehungen zwischen besonderen psychosozialen Belastungen im Umfeld des Kindes und der Wahl der Hilfeart sind in Tab. 3.3–6 zusammengestellt. Signifikante Zusammenhänge ergeben sich bezüglich der Anzahl der Belastungen und hinsichtlich Erziehungsbedingungen, die „eine unzureichende Erfahrung vermitteln" und solche, die durch „unzureichende elterliche Aufsicht und Steuerung" charakterisiert sind. Als signifikant erweist sich auch der Zusammenhang zwischen „Lebensbedingungen mit möglicher psychosozialer Gefährdung"

(d. h. vor allem extrem ungünstigen ökonomischen und Wohnverhältnissen) und Wahl der Hilfeart. In letzterem Fall dominieren eindeutig Entscheidungen für eine vollstationäre Hilfe oder – etwas seltener – für eine Sozialpädagogische Familienhilfe. Die gleichen Hilfeschwerpunkte weisen auch die Verteilungen der genannten Erziehungsbedingungen auf; auch hier sind Entscheidungen zugunsten ambulanter

Tabelle 3.3–6: Zusammenhänge zwischen Art der Erziehungshilfe und psychosozialen Belastungen nach MAS-Achse 5 (Prüfgröße: Chi-Quadrat)

Psychosoziale Belastungen	Ambulante Hilfe	Sozialpäd. Fam.-Hilfe	Teilstat. Hilfe	Vollstat. Hilfe	Signifi-kanz
Anzahl psychosozialer Belastungen:					
- unter Acht	27 %	20 %	35 %	18 %	*p<.001*
- Acht und mehr	17 %	26 %	9 %	49 %	
Mangel an emotionaler Wärme (1.0):					
- Zutreffend	19 %	19 %	12 %	49 %	*p<.05*
- Unzutreffend	23 %	27 %	27 %	23 %	
Ablehnung des Kindes (1.2):					
- Zutreffend	21 %	12 %	15 %	53 %	*p<.10*
- Unzutreffend	20 %	30 %	20 %	30 %	
Körperliche Mißhandlung (1.3):					
- Zutreffend	9 %	22 %	13 %	57 %	*p<.10*
- Unzutreffend	25 %	23 %	22 %	30 %	
Familiäre Kommunikationsstörung (3.):					
- Zutreffend	18 %	20 %	16 %	47 %	*p<.10*
- Unzutreffend	25 %	28 %	23 %	25 %	
Mangel an elterlicher Kontrolle (4.1)					
- Zutreffend	13 %	28 %	19 %	41 %	*p<.01*
- Unzutreffend	39 %	15 %	23 %	23 %	
Mangel an Entwicklungsanregung (4.2):					
- Zutreffend	13 %	31 %	11 %	45 %	*p<.005*
- Unzutreffend	32 %	16 %	28 %	25 %	
Inadäquate Anforderungen (4.3):					
- Zutreffend	22 %	20 %	12 %	46 %	*p<.10*
- Unzutreffend	22 %	27 %	25 %	27 %	
Abweichende Elternsituation (5.1):					
- Zutreffend	20 %	25 %	13 %	41 %	*p<.10*
- Unzutreffend	24 %	20 %	31 %	24 %	
Widrige Lebensbedingungen (5.3):					
- Zutreffend	7 %	34 %	10 %	49 %	*p<.001*
- Unzutreffend	30 %	18 %	26 %	27 %	

Hilfen (Erziehungsberatung oder soziale Gruppenarbeit) oder zugunsten einer Tagesgruppenerziehung deutlich seltener zu beobachten. Vollstationäre Hilfen gelten offensichtlich auch dann als vorrangig indiziert, wenn das Umfeld durch extrem viele Belastungsfaktoren gekennzeichnet ist oder wenn ein auffälliger „Mangel an emotionaler Wärme in der Eltern-Kind-Beziehung" zu konstatieren ist. Als weitere Entscheidungskriterien für die vollstationäre Hilfeform deuten sich darüber hinaus auch folgende Merkmale an: „Feindliche Ablehnung oder Sündenbockzuweisung gegenüber dem Kind" in der Familie, körperliche Kindesmißhandlung, „Inadäquate oder verzerrte intrafamiliäre Kommunikation" sowie eine von der Idealnorm der intakten leiblichen Familie abweichende Elternsituation.

Entscheidung über die schulische Förderform
Eine intensivierte Schulförderung in Form von Sonderbeschulung ist in der Stichprobe extrem häufig, nämlich in 49 % der Hilfepläne für schulpflichtige Kinder vorgesehen. Unter den gewählten Sonderschulen herrscht die Schule für Erziehungshilfe bzw. für Entwicklungsgestörte mit 41 % auch gegenüber der Schule für Lernbehinderte (23 %) eindeutig vor. Weitere geplante Sonderschulformen sind Schulen für Sprach-, Geistig oder Körperbehinderte, sowie die Diagnose- und Förderklasse, eine spezielle Sonderfördereinrichtung in Bayern. Bei einem Viertel der Kinder, die eine Sonderschule besuchen sollen, sind darüberhinaus zusätzliche Fördermaßnahmen wie Kleingruppen- bzw. Einzelunterricht oder spezielle Förderkurse geplant.
Wie Tabelle 3.3–7 erkennen läßt, sind Entscheidungen für eine Sonderbeschulung auffällig häufig mit der Entscheidung für eine Tagesgruppenbetreuung verbunden, während sie am seltensten bei ambulanten Hilfen anzutreffen sind. Die Unterschiede sind statistisch signifikant (Chi^2=8.27, df=3, p<.05). Dies ist allerdings zumindest insofern nicht weiter überraschend, als das Erziehungsangebot der Tagesgruppe oft mit dem Besuch einer angeschlossenen Schule für Erziehungshilfe verknüpft ist.

Tabelle 3.3–7: Schulische Sonderförderung bei unterschiedlichen Erziehungshilfeformen

		Ambulante Hilfe	Sozialpäd. Fam.-Hilfe	Teilstat. Hilfe	Vollstat. Hilfe	*Gesamt*
Sonderförderung	f	4	8	13	16	41
	Spalte %	26,7	44,4	76,5	48,5	49,4
Regelförderung	f	11	10	4	17	42
	Spalte %	73,3	55,6	23,5	51,5	50,6
Gesamt	f	15	18	17	33	83
	%	18,1	21,7	20,5	39,8	100,0

Tabelle 3.3–8: Zusammenhänge zwischen Art der schulischen Förderung und Merkmalen der kindlichen Problematik (Prüfgröße: Chi-Quadrat)

Merkmale der kindlichen Problematik	Sonder-förderung	Regel-förderung	*Signifikanz*
Schwere der Störung:			
- Leicht (SGKJ 1-4)	35 %	65 %	*p < .10*
- Mittel (SGKJ 5-6)	44 %	56 %	
- Schwer (SGKJ 7-10)	67 %	33 %	
Problemgruppe:			
- Internalisierende Probleme	50 %	50 %	*p < .01*
- Beziehungsprobleme	13 %	87 %	
- Leistungsprobleme	66 %	34 %	
- Externalisierende Probleme	52 %	48 %	
Teilleistungsschwäche (TLS):			
- TLS gegeben	75 %	25 %	*p < .001*
- Keine TLS	32 %	68 %	
Intelligenz:			
- Mindestens Durchschnitt	43 %	57 %	*p < .10*
- Unter Durchschnitt	64 %	36 %	
Bisherige Schulförderung:			
- Sonderförderung	89 %	12 %	*p < .000*
- Regelförderung	26 %	74 %	
Schulrückstand:			
- Mindestens ein Jahr	69 %	35 %	*p < .005*
- Kein Rückstand	31 %	65 %	

Wie Tabelle 3.3–8 zeigt, hängt die Entscheidung der künftigen schulischen Förderung wesentlich von der bisherigen Schulförderung und dem Vorliegen eines Schulrückstandes ab. In 90 % der Fälle bedeutet die Wahl einer Sonderbeschulung die Fortführung der bisherigen Sonderförderung. Daneben wird aber auch für 26 % der Kinder, die bisher eine Regelschule besucht hatten, eine Sonderbeschulung geplant. Bei rückständigen Schülern ist eine Sonderbeschulung deutlich häufiger vorgesehen als bei anderen Kindern.

Von den problembezogenen Variablen korrelieren im wesentlichen nur die Art der Störung (gemessen an der Problemgruppe auf Basis der Beschreibung) und die Diagnose einer Teilleistungsschwäche mit der Entscheidung für eine Sonderförderung. Bezogen auf die kindliche Störung, wird die Frage der Sonderbeschulung vor allem davon abhängig gemacht, ob die Störung eher den „Beziehungs-" oder den „Leistungsproblemen" zugerechnet wird. In ersterem Fall sind nur 13 % der Kinder von einer Sonderbeschulung betroffen, im zweiten immerhin 66 %. Bei „internalisierenden" und „externalisierenden" Problemen dagegen ist kein Zusammenhang mit der

Entscheidung der Schulform festzustellen. Bei Diagnose einer Teilleistungsschwäche fällt die Entscheidung zugunsten einer Sonderschule sogar in 75 % der Fälle aus, beim Fehlen eines solchen Defizits nur in 32 % der Fälle. Das allgemeine Intelligenzniveau spielt dagegen ebenso wie die Schwere der Entwicklungsbeeinträchtigung offensichtlich – wenn überhaupt – nur eine untergeordnete Rolle für die schulbezogene Förderentscheidung. Der Tendenz nach ist aber auch hier erwartungsgemäß eine Sonderbeschulung vorzugsweise bei unterdurchschnittlicher Intelligenz und bei hohem Beeinträchtigungsgrad zu beobachten.

Tabelle 3.3–9: Zusammenhänge zwischen Art der schulischen Förderung und soziographischen Familienmerkmalen sowie psychosozialen Belastungen nach MAS-Achse 5 (Prüfgröße: Chi-Quadrat)

Soziographische Familienmerkmale	Sonder-förderung	Regel-förderung	Signifi-kanz
Familienkonstellation:			
- Intakte leibliche Familie	52 %	48 %	*p < .05*
- Andere vollständige Familie	70 %	30 %	
- Ein-Eltern-Familie	30 %	70 %	

Psychosoziale Belastung	Sonder-förderung	Regel-förderung	Signifi-kanz
Mangel an emotionaler Wärme (1.0)			
- Zutreffend	37 %	63 %	*p < .10*
- Unzutreffend	57 %	43 %	
Mangel an elterlicher Kontrolle (4.1):			
- Zutreffend	59 %	41 %	*p < .10*
- Unzutreffend	38 %	62 %	
Allgemeine Unruhe in der Schule (8.2):			
- Zutreffend	74 %	26 %	*p < .05*
- Unzutreffend	40 %	60 %	

Soziographische Familienmerkmale sowie psychosoziale Umfeldbelastungen (vgl. Tab. 3.3-9) sind offensichtlich nur von geringer Bedeutung für die Wahl der schulischen Förderform. Signifikante Zusammenhänge ergeben sich nur mit der Familienkonstellation und der psychosozialen Belastungskategorie „Allgemeine Unruhe in der Schule". Bei dem letztgenannten Ergebnis ist nicht auszuschließen, daß die Kategorie i.S. unruhigen Verhaltens des Kindes fehlgedeutet wurde. Hinsichtlich der Familienkonstellationen erscheint dagegen durchaus bemerkenswert, daß bei Kindern von alleinerziehenden Eltern zum weitaus größten Teil (70 %) eine Regelförderung angezeigt erscheint, während sie nur bei etwa 50 % der Kinder aus intakten leiblichen Familien und sogar nur bei 30 % der Kinder aus anderen vollständigen Familien ausreichend erscheint.

Entscheidung über therapeutische Leistungen
Insgesamt sehen 56 % der Hilfepläne besondere therapeutische Leistungen vor, und zwar in erster Linie spezielle heilpädagogische Leistungen (48 % aller therapeutischen Leistungen). Eine psychotherapeutische Einzelbehandlung ist in 24 % der Therapiepläne vorgesehen, Familientherapie in 5 %. Den restlichen Anteil therapeutischer Leistungen bilden verschiedene andere Förderformen. Zum weitaus größten Teil (82 %) richten sich die therapeutischen Leistungen auf das Kind und nur zu etwa 18 % auf die Familie.
Die Planung besonderer therapeutischer Leistungen variiert signifikant mit der Planung der Hilfeart (vgl. Tab. 3.3–10). Am häufigsten sind diese Leistungen, abgesehen von ambulanten Hilfen (62 % der entsprechenden Hilfepläne), bei teil- und vollstationären Erziehungshilfen (60 bis 70 % der Hilfepläne) vorgesehen, auffällig selten dagegen bei Sozialpädagogischer Familienhilfe (30 % der Hilfepläne).

Tabelle 3.3–10: Therapeutische Leistungen bei unterschiedlichen Erziehungshilfeformen

		Ambulante Hilfe	Sozialpäd. Fam.-Hilfe	Teilstat. Hilfe	Vollstat. Hilfe	*Gesamt*
Therapeutische Leistung	f	16	8	16	27	67
	Spalte %	61,5	29,6	69,6	62,8	56,3
Keine therapeutische Leistung	f	10	19	7	16	52
	Spalte %	38,5	70,4	30,4	37,2	43,7
Gesamt	f	26	27	23	43	119
	%	21,8	22,7	19,3	36,1	100,0

Zur Frage nach problembezogenen Entscheidungskriterien bei der Wahl therapeutischer Leistungen zeigt Tab. 3.3–11, daß sowohl die Art der kindlichen Problematik als auch vorliegende Teilleistungsschwächen eine Rolle spielen. Dem Intelligenzniveau kommt dagegen auch für die Therapieentscheidung keine Bedeutung zu. Den Ergebnissen zufolge werden besondere therapeutische Leistungen am ehesten dann gewählt, wenn die Störung des Kindes als „Leistungsproblem" beschrieben bzw. in den Mittelpunkt des Hilfeplanes gestellt wird. Umgekehrt wird am ehesten von ihnen abgesehen, wenn die kindlichen Auffälligkeiten den „Beziehungsproblemen" zugeordnet werden. Die wenig konkordanten Ergebnisse bezüglich „externalisierender" Probleme legen die Vermutung nahe, daß nur ein Teil der so klassifizierten Verhaltensstörungen Anlaß zur Wahl einer besonderen therapeutischen Leistung gibt. Bei Vorliegen einer Teilleistungsschwäche sind therapeutische Leistungen in 74 % der Hilfepläne, also ähnlich häufig wie bei einer vorliegenden Leistungsproblematik, vorgesehen.

Tabelle 3.3–11: Zusammenhänge zwischen therapeutischen Leistungen und Merkmalen der kindlichen Problematik (Prüfgröße: Chi-Quadrat)

Merkmale der kindlichen Problematik	Therapeut. Leistungen	Keine therapeut. Leistungen	*Signifikanz*
Problemgruppe:			
- Internalisierende Probleme	50 %	50 %	*p<.05*
- Beziehungsprobleme	39 %	61 %	
- Leistungsprobleme	73 %	27 %	
- Externalisierende Probleme	52 %	48 %	
Fokus-Problemgruppe:			
- Internalisierende Probleme	58 %	42 %	*p<.05*
- Beziehungsprobleme	39 %	61 %	
- Leistungsprobleme	69 %	31 %	
- Externalisierende Probleme	76 %	24 %	
- Elternprobleme	55 %	45 %	
Teilleistungsschwäche (TLS):			
- TLS gegeben	74 %	26 %	*p<.05*
- Keine TLS	47 %	53 %	

Einige weitere statistisch signifikante Zusammenhänge zwischen Therapieentscheidung und soziographischen Merkmalen sowie psychosozialen Umfeldbelastungen weist Tabelle 3.3–12 aus. Hinsichtlich der letztgenannten kann die Kategorie „Feindliche Ablehnung oder Sündenbockzuweisung gegenüber dem Kind" als positives Entscheidungskriterium für therapeutische Leistungen angesehen werden, während die Kategorien „Psychische Störung bzw. abweichendes Verhalten eines Elternteils" sowie „Lebensbedingungen mit möglicher psychosozialer Gefährdung" umgekehrt Ausschlußkriterien darstellen. In diesen Fällen könnten möglicherweise andere Hilfeleistungen vorrangiger indiziert sein.

Systematische Zusammenhänge der Therapieentscheidung zeigen sich darüber hinaus nur noch mit dem Geschlecht des Kindes und der Einkommensart der Eltern. Daß therapeutische Leistungen bei Einkommen aus sozialen Transferleistungen auffällig selten geplant werden, könnte wiederum darauf hindeuten, daß hier andere Interventionsformen notwendiger bzw. sinnvoller erscheinen. Inwieweit das häufigere Vorkommen einer Therapiewahl bei Jungen als bei Mädchen über vermehrte leistungsbezogene Probleme von Jungen bzw. über häufigere Beziehungsprobleme von Mädchen vermittelt ist, läßt sich hier nicht schlüssig beantworten.

Tabelle 3.3–12: Zusammenhänge zwischen therapeutischen und soziographischen Familienmerkmalen sowie psychosozialen Belastungen nach MAS-Achse 5 (Prüfgröße: Chi-Quadrat)

Soziographische Familienmerkmale	Therapeut. Leistungen	Keine therapeut. Leistungen	Signifi-kanz
Geschlecht des Kindes:			
- Mädchen	44 %	56 %	p<.05
- Junge	63 %	37 %	
Einkommensart:			
- Transferleistungen	33 %	67 %	p<.005
- Erwerbstätigkeit	65 %	35 %	

Psychosoziale Belastung	Therapeut. Leistungen	Keine therapeut. Leistungen	Signifi-kanz
Ablehnung des Kindes (1.2)			
- Zutreffend	73 %	27 %	p<.05
- Unzutreffend	50 %	50 %	
Psychische Störung der Eltern (2.0):			
- Zutreffend	42 %	58 %	p<.05
- Unzutreffend	66 %	34 %	
Widrige Lebensbedingungen (5.3):			
- Zutreffend	41 %	59 %	p<.01
- Unzutreffend	67 %	33 %	

Tabelle 3.3–13: Verteilung von familienbezogenen Leistungen (n = 121; Mehrfachnennungen)

Familienbezogene Leistungen	Häufigk.	Proz.
Keine	61	50
Elternarbeit, -beratung	29	24
Beratung durch ASD	16	13
SPFH	9	7
Familienberatung, -therapie	5	4
Eltern-Interaktionskreise	4	3
Hausaufgabenhilfe	3	3
Erziehungsberatung	2	2
Eheberatung	2	2
Familienpflege	1	1
Familien-Ausflugsfahrten	1	1
Sonstige Hilfen	17	14

Entscheidungen zu besonderen Familienhilfen

In jedem zweiten Hilfeplan sind besondere Hilfen für die Familie i.S. zusätzlicher Leistungen zu der Haupterziehungshilfe vorgesehen (vgl. Tab.3.3–13).

Bei diesen Hilfen handelt es sich in erster Linie um Elternberatung, die hauptsächlich (in 24% der Hilfepläne) von den Institutionen, die die Erziehungshilfe durchführen, daneben aber auch vom Allgemeinen Sozialen Dienst der Jugendämter (13% der Hilfepläne) geleistet werden sollen. Sozialpädagogische Familienhilfe ist als ergänzende Hilfe für 7% der Familien geplant, Familien- und Erziehungsberatung für insgesamt 6%. Eine Reihe anderer Hilfeformen kommen jeweils nur relativ vereinzelt vor. Eine Kombination von mehreren solcher zusätzlichen familienbezogenen Leistungen ist dabei für etwa 20% der Familien vorgesehen.

Ergänzende Hilfen für die Familien sind, wie aus Tabelle 3.3–14 zu ersehen, bei teil- und bei vollstationären Erziehungshilfen mit 70 bis 75% aller entsprechenden Maßnahmen erheblich häufiger geplant als bei ambulanten (31%) oder bei Sozialpädagogischen Familienhilfen (14%). Diese unterschiedlichen Verhältnisse sind statistisch auf hohem Niveau abgesichert (Chi^2=30.85, df=3, p<.000).

Tabelle 3.3–14: Familienbezogene Leistungen bei unterschiedlichen Erziehungshilfeformen

		Ambulante Hilfe	Sozialpäd. Fam.-Hilfe	Teilstat. Hilfe	Vollstat. Hilfe	*Gesamt*
Besondere Familienhilfe	f	8	4	18	30	60
	Spalte %	30,8	14,3	75,0	69,8	49,6
Keine besondere Familienhilfe	f	18	24	6	13	61
	Spalte %	69,2	85,7	25,0	30,2	50,4
Gesamt	f	26	28	24	43	121
	%	21,5	23,1	19,8	35,5	100,0

Statistisch signifikante Zusammenhänge zwischen zusätzlichen Familienhilfen und problem- sowie umfeldbezogenen Merkmalen sind nur bezogen auf das Ausmaß der Entwicklungsbeeinträchtigung und der psychosozialen Belastungskategorie „Lebensbedingungen mit möglicher psychosozialer Gefährdung" festzustellen (vgl. Tab.3.3–15).

Bei schwerer Beeinträchtigung der kindlichen Entwicklung sind zusätzliche Hilfen für die Familie in 74% der Hilfepläne vorgesehen, bei leichten und mittleren Beeinträchtigungsgraden dagegen nur in 44% bzw. 39%. Zunächst eher paradox erscheint dagegen, daß bei widrigen Lebensbedingungen sowie – der Tendenz nach – auch bei fehlendem Erwerbseinkommen der Eltern und bei „Erziehungsbedingungen, die einen Mangel an Erfahrung vermitteln" die Quote zusätzlicher Familienhilfen geringer ausfällt als bei Fehlen dieser Risikofaktoren. Hierin könnte aber auch ein Hinweis darauf gesehen werden, daß die Entscheidung, besondere Familienhilfen zu gewähren, von einem Minimum an vorhandenen familiären Ressourcen abhängig gemacht wird.

Tabelle 3.3–15: Zusammenhänge zwischen besonderen Leistungen für die Familie und problem- sowie umfeldbezogenen Merkmalen (Prüfgröße: Chi-Quadrat)

Merkmal	Besondere Leistungen f.d.Fam.	Keine besond.Leist. f.d.Fam.	Signifi-kanz
Schwere der Störung:			
- Leicht (SGKJ 1-4)	44 %	56 %	$p < .01$
- Mittel (SGKJ 5-6)	39 %	61 %	
- Schwer (SGKJ 7-10)	74 %	26 %	
Geschlecht des Kindes:			
- Mädchen	38 %	62 %	$p < .10$
- Junge	56 %	44 %	
Einkommensart:			
- Transferleistungen	37 %	63 %	$p < .10$
- Erwerbstätigkeit	54 %	46 %	

MAS-Achse 5	Besondere Leistungen f.d.Fam.	Keine besond.Leist. f.d.Fam.	Signifi-kanz
Mangel an Entwicklungsanregung (4.2)			
- Zutreffend	42 %	58 %	$p < .10$
- Unzutreffend	59 %	41 %	
Widrige Lebensbedingungen (5.3):			
- Zutreffend	37 %	63 %	$p < .05$
- Unzutreffend	57 %	43 %	

3.4 WELCHE QUALITÄT HABEN HILFEPLÄNE?

3.4.1 Wie definiert sich die Qualität von Hilfeplänen?

Aus Tabelle 3.4-1 ist ersichtlich, daß die meisten Beteiligten mit dem Hilfeplan zumindest „eher zufrieden" waren; 67% der Sachbearbeiter/-innen waren sogar „sehr zufrieden". Am ehesten unzufrieden wurden Bezugsperson (19 %) und Mutter (13%) eingeschätzt.

Tabelle 3.4–1: Prozentuale Zufriedenheit der Beteiligten mit dem Hilfeplan $\bar{x}$;
(arithm. Mittelwert) und s (Standardabweichung) beziehen sich auf die eingesetzte
Skala von 1 = sehr zufrieden bis 5 = sehr unzufrieden

	Sachbearbeiter	Kind	Mutter	Vater	Vormund	Bezugsperson
n	123	120	106	60	4	58
$\bar{x}$	1,5	1,9	2,1	1,8	1,3	2,2
s	0,9	0,9	1,2	1,0	0,5	1,2
sehr zufrieden (1)	67	38	36	47	75	31
eher zufrieden (2)	22	38	38	35	25	41
weder noch (3)	2	19	14	12	0	9
eher unzufrieden (4)	8	4	5	5	0	10
sehr unzufrieden (5)	1	2	8	2	0	9

Auf die Frage „Welche Hilfemaßnahme hätten Sie als ideal für die Problemsituation angesehen?" antworteten 68 % der Sachbearbeiter/-innen mit „die gewählte Maßnahme"; dagegen hätten sich 13 % eine familienersetzende, 7 % eine familienergänzende und 5 % eine familienunterstützende Maßnahme gewünscht.
Über 90 % der Interviewten hielten den Hilfeplan für die betroffene Familie für geeignet, und 94 % glaubten, daß die Maßnahme in der geeigneten Weise durchgeführt werden kann.

Tabelle 3.4–2: Prognosen des/der Sachbearbeiter(s)/-in (%), differenziert für das
Kindverhalten bei Einhaltung der Hilfeplanempfehlungen, für das realistische Kind-
verhalten und für die Familiensituation;
$\bar{x}$ (arithm. Mittelwert) und s (Standardabweichung) beziehen sich auf die eingesetzte
Skala von 1 = verbessern bis 5 = verschlechtern

	Kindverhalten bei HP-Einhaltung	realistisches Kindverhalten	Familien-situation
n	120	121	120
$\bar{x}$	1,5	1,9	2,3
s	0,6	0,9	0,9
verbessern (1)	58	37	14
eher verbessern (2)	38	47	52
gleichbleiben (3)	3	9	26
eher verschlechtern (4)	2	3	5
verschlechtern (5)	0	3	3

Tabelle 3.4–2 zeigt, daß das Verhalten des Kindes nach Abschluß des Hilfeplans überwiegend positiv und die Familiensituation eingeschränkt positiv prognostiziert wurden.

Die Ergebnisse zu den Variablen, die sowohl Aspekte des Entscheidungsprozesses wie auch der Qualität des Hilfeplans beinhalten, so z. B. „Äußerung von Bedenken der Beteiligten", „Dokumentation des Hilfeplans", „Anzahl der Informanten", „Gesamtgesprächsdauer" bzw. „Beteiligung Dritter", sind in Kapitel 3.2.1 dargestellt.

Abbildung 3.4–1: Verknüpfung von Qualitätsmerkmalen des Hilfeplans

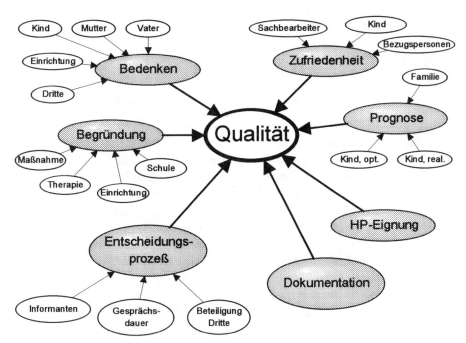

Versuch einer Dimensionierung

Um bi- bzw. multivariate Berechnungen unter Berücksichtigung des Qualitätsaspektes durchführen zu können, wurden die Variablen des Interviewleitfadens, die Qualitätsaspekte des Hilfeplans erfassen, extrahiert. Dies betraf Variablen zur Zufriedenheit der Beteiligten, zur Prognose, zur Hilfeplan-Eignung, zur Hilfeplan-Dokumentation, zum Entscheidungsprozeß, zu Aspekten der Entscheidungsbegründung und zu Bedenken der Beteiligten (s. Abb. 3.4–1).

Mit den insgesamt 25 ausgewählten Variablen wurde eine Faktorenanalyse (Hauptkomponentenanalyse mit Varimax-Rotation) durchgeführt, wobei das Ergebnis eines Scree-Tests eine zweifaktorielle Lösung nahelegte (s. Abb. 3.4–2).

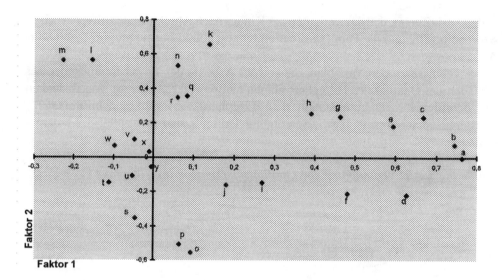

Abbildung 3.4–2: Zweifaktorielle Lösung der durchgeführten Hauptkomponentenanalyse mit Varimax-Rotation und einer Varianzaufklärung von 25 % (n<128). Es
bedeuten: a „realistische Prognose des Kindverhaltens"; b „Zufriedenheit des Sach-
bearbeiters"; c „Eignung des Hilfeplans"; d „Prognose des Kindverhaltens bei Hilfeplaneinhaltung"; e „Durchführbarkeit des Hilfeplans"; f „schriftliche Fixierung
des Hilfeplans"; g „Idealmaßnahme"; h „Prognose der Familienentwicklung"; i
„Dokumentationsform des Hilfeplans"; j „Bedenken Dritter"; k „Zufriedenheit der
Mutter"; l „Gesamtgesprächsdauer"; m „Informanten"; n „Zufriedenheit einer sonstigen Bezugsperson"; o „Bedenken der sorgeberechtigten Mutter"; p „Bedenken
des sorgeberechtigten Vaters"; q „Zufriedenheit des Vaters"; r „Zufriedenheit des
Kindes"; s „Bedenken des Kindes"; t „Bedenken der Einrichtung"; u „Begründung
für die Einrichtung"; v „Maßnahmebegründung bzgl. des Kindes"; w „Begründung
für die Therapie"; x „Zufriedenheit einer weiteren sonstigen Bezugsperson"; y
„Begründung für die Schulförderung"

Wie aus Abb. 3.4–2 ersichtlich, weisen folgende sieben Variablen, die allesamt Qualitätsaspekte aus Sicht des/der Sachbearbeiter(s)/-in betreffen, die höchsten Ladungen
bezüglich Faktor 1 auf (siehe auch Abb. 3.4–3) (kursiv in Klammern die Richtung
des Zusammenhangs zwischen der jeweiligen Variable und Faktor 1):

1. Realistische Prognose des Kindverhaltens aus Sicht des/der Sachbearbeiter(s)/-in
(negativ)
2. Zufriedenheit des/der Sachbearbeiter(s)/-in (negativ)
3. Eignung des Hilfeplans aus Sicht des/der Sachbearbeiter(s)/-in (negativ)
4. Sachbearbeiterprognose des Kindverhaltens bei Hilfeplaneinhaltung (negativ)

5. Durchführbarkeit des Hilfeplans aus Sicht des/der Sachbearbeiter(s)/-in (negativ)

6. Schriftliche Fixierung des Hilfeplans durch den/die Sachbearbeiter/-in (negativ)

7. Idealmaßnahme aus Sicht des/der Sachbearbeiter(s)/-in (negativ)

Faktor 2 wird weitgehend durch sechs hochladende Variablen erklärt, die entweder die Hilfeplanqualität aus Sicht der beteiligten Familie oder den Umfang der Partizipation betreffen (s. Abb. 3.4–3) (kursiv in Klammern die Richtung des Zusammenhangs zwischen jeweiligen Variablen und Faktor 2):

1. Zufriedenheit der Mutter mit dem Hilfeplan (negativ)

2. Gesamtgesprächsdauer des/der Sachbearbeiter(s)/-in mit den Beteiligten und Informanten (positiv)

3. Anzahl der Informanten (positiv)

4. Zufriedenheit einer sonstigen Bezugsperson mit dem Hilfeplan (negativ)

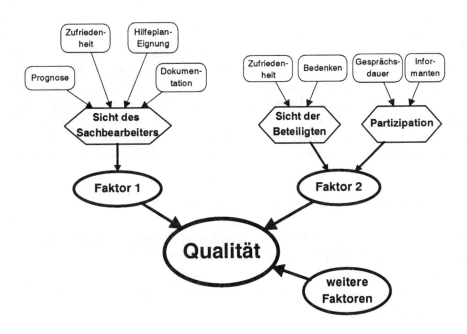

Abbildung 3.4–3: Qualitätsbestimmende Faktoren der Hilfeplanung

5. Bedenken der sorgeberechtigten Mutter bezüglich bestimmter Hilfeplanregelungen (positiv)

6. Bedenken des sorgeberechtigten Vaters bezüglich bestimmter Hilfeplanregelungen (positiv)

3.4.2 Wann sind welche Qualitätsbeurteilungen zu erwarten?

Qualität der Hilfeplanung und Merkmale des Kindes

Tabelle 3.4–3: Ergebnisse der durchgeführten Korrelationstests und t-Tests (124 < n < 128). Es bedeuten: n.s. nicht signifikant; * p < 0,05; ** p < 0,01

	Faktor 1	**Faktor 2**
Alter	n.s.	n.s.
Geschlecht	n.s.	n.s.
Schwere des Problems	*	*
Interventionsvorerfahrung	**	n.s.

Weder Alter noch Geschlecht des Kindes stehen im Zusammenhang mit den beiden Qualitätsfaktoren (s. Tab. 3.4–3). Im Gegensatz dazu gab es eine signifikante, negative Korrelation zwischen der Variablen „Schwere des Problems" und Faktor 1 und eine signifikante, positive Korrelation zwischen der Variablen „Schwere des Problems" und Faktor 2, das bedeutet, je höher der Störungsgrad beim Kind, desto höher fiel die Qualitätseinschätzung des/der Sachbearbeiter(s)/-in aus und desto niedriger fiel die Qualitätseinschätzung der Beteiligten aus. Tab. 3.4–3 zeigt weiter eine signifikante Abhängigkeit des Faktors 1 von der Interventionsvorerfahrung des Kindes: Falls eine Interventionsvorerfahrung beim Kind vorlag, war die Qualität des Hilfeplans aus Sicht des/der Sachbearbeiter(s)/-in hoch, ohne Vorerfahrung dagegen niedrig.

Qualität der Hilfeplanung und Entscheidungsprozeß

Tabelle 3.4–4: Ergebnisse der durchgeführten Korrelationstests und Varianzanalysen (115 < n < 128). Es bedeuten: n.s. nicht signifikant; * p < 0,05; ** p < 0,01

	Faktor 1	**Faktor 2**
Änderung der Sichtweise	n.s.	n.s.
Dauer des Entscheidungsprozesses	n.s.	*
Am Team Beteiligte	*	n.s.
Entscheidungsablauf im JA	n.s.	n.s.
Verantwortung	n.s.	n.s.
Dokumentation	**	n.s.
Arbeitserfahrung	n.s.	n.s.

Nur drei der sieben untersuchten Entscheidungsprozeß-Variablen wiesen einen signifikanten Zusammenhang zu Faktor 1 bzw. Faktor 2 auf (s. Tab. 3.4–4): Die Variablen „Am Team Beteiligte" und „Dokumentation" zu Faktor 1, die Variable „Dauer des Entscheidungsprozesses" zu Faktor 2. Die – aus Sicht der Sachbearbeiter/-innen – mit Abstand niedrigste Hilfeplanqualität ergab sich bei einer Teamkonstellation „Jugendamt + Familie", die höchste bei der Konstellation „Jugendamt + Einrichtung + Familie".

Die Hilfepläne, die ausschließlich durch Aktenvermerke dokumentiert wurden, erreichten im Durchschnitt die ungünstigsten Bewertungen durch die Fachkräfte, während die mittels spezieller Dokumentation schriftlich fixierten Hilfepläne am günstigsten beurteilt wurden. Im Gegensatz dazu hatten die durch Aktenvermerke dokumentierten Hilfepläne aus Sicht der Beteiligten die höchste Qualität, die Gruppenunterschiede waren diesbezüglich allerdings nicht signifikant (s. Tab. 3.4–4). Die Tabelle zeigt weiter, daß die Dauer des Entscheidungsprozesses mit Qualitätsmerkmalen dergestalt korreliert, daß je länger der Entscheidungsprozeß dauerte, die Partizipation um so höher war, die Zufriedenheit der Beteiligten aber um so geringer.

Qualität der Hilfeplanung und Aspekte der Maßnahme

*Tabelle 3.4–5: Ergebnisse der durchgeführten Korrelationstests, t-Tests und Varianzanalysen (107 < n < 124). Es bedeuten: n.s. nicht signifikant; * p < 0,05; ** p < 0,01*

	Faktor 1	Faktor 2
Maßnahmeart	*	**
besondere Schulförderung	**	n.s.
bes. therapeut. Maßnahme	*	n.s.
Hilfe für die Familie	n.s.	n.s.
geplante Maßnahmedauer	*	**
Probezeit	n.s.	n.s.

Tabelle 3.4–5 stellt die Ergebnisse der mit den maßnahmebezogenen Variablen und den beiden Qualitätsfaktoren durchgeführten Varianzanalysen, t-Tests und Korrelationstests dar. Zwei Varianzanalysen ergaben jeweils signifikante Mittelwertsunterschiede der vier untersuchten Maßnahmearten bezüglich Faktor 1 und Faktor 2: Während die Qualität aus Sicht des/der Sachbearbeiter(s)/-in (Faktor 1) bei den ambulanten Maßnahmen am niedrigsten und den vollstationären am höchsten war, schnitten aus Sicht der Beteiligten (Faktor 2) die Pläne mit vollstationärer Hilfemaßnahme am schlechtesten und die mit ambulanter und teilstationärer Hilfe am besten ab.

Hilfepläne, die zusätzlich zur primären Maßnahme eine besondere Schulförderung oder eine besondere therapeutische Maßnahme vorsahen, weisen im Durchschnitt einen niedrigen Faktor-1–Wert auf, sind also aus Sicht der Sachbearbeiter/-innen von höherer Qualität. Die vom Interviewten geschätzte Dauer der Maßnahme steht mit Faktor 1 wie auch – bei umgekehrtem Vorzeichen – mit Faktor 2 in einem signifikanten Zusammenhang: Je geringer die geschätzte Maßnahmedauer, desto niedriger war die Qualitätseinschätzung des/der Sachbearbeiter(s)/-in. Umgekehrt verhielt es sich bei Faktor 2, wo eine geringe Maßnahmedauer zu einem geringen Faktorwert führte, d. h., die Beteiligten waren in diesem Fall eher zufrieden und äußerten seltener Bedenken am Hilfeplan.

4 Diskussion

4.1 Lassen sich die Ergebnisse verallgemeinern?

Genügt die Analyse von 118 bzw. 128 Hilfeplänen aus 11 verschiedenen Jugendämtern, um verallgemeinerbare Aussagen zu machen? Diese Jugendämter streuen
von großstädtischen bis zu ländlichen, jedoch wurden die ausgewählten Hilfepläne
vorher stratifiziert. Das geschah mit dem Ziel, unterschiedliche Jugendhilfemaßnahmen bei der Analyse ausreichend zu berücksichtigen. Daß das nicht gelungen ist,
sondern sich die analysierten Pläne zu 35 % – statt wie geplant 25 % – auf vollstationäre Maßnahmen beziehen, spiegelt eine Praxis der Jugendhilfe wider: Sie neigt
dazu, bei Maßnahmen geringerer Intensität keine Hilfepläne zu erstellen; denn am
schwierigsten war die Rekrutierung von Hilfeplänen für ambulante Maßnahmen. In
bestimmten Jugendämtern waren außerdem teilstationäre Maßnahmen, teilweise
auch Sozialpädagogische Familienhilfe nur begrenzt verfügbar. Die Tätigkeit der
74 Sachbearbeiter/-innen kann also nicht als repräsentativ angesehen werden, bildet
die Wirklichkeit der Jugendhilfe aber dennoch in doppelter Weise ab: Zum einen richten sich Hilfeplanentscheidungen nach – vor allem ortsgebunden – verfügbaren Maßnahmen (und dabei sind niederschwellige Maßnahmen nicht überall verfügbar), zum
anderen besteht die Neigung, den Planungsprozeß dann auszudehnen und zu verfei-
nern, wenn sehr eingreifende Maßnahmen vorgesehen sind (vgl. 4.4).
Ausdrücklich bezog sich die Studie nur auf Hilfepläne für Kinder, dürfte also unter
den gegebenen Einschränkungen für Jugendhilfemaßnahmen bei 4- bis 12jährigen
repräsentativ sein, denn es wurde keine Stratifizierung der einbezogenen Altersgrup-
pen vorgenommen. Die Geschlechtsverteilung mit 1/3 Mädchen und 2/3 Jungen entspricht der Verteilung der Auffälligkeiten/Probleme von Kindern in dieser Altersgruppe, die epidemiologisch zu erwarten ist. Die Freiwilligkeit der Teilnahme, d. h.
das notwendige Einverständnis der Eltern, hat nach unseren Beobachtungen die
Zusammensetzung der Stichprobe nur unwesentlich beeinflußt.
Eine dritte Einschränkung ist angebracht: Die Studie wurde in der Anfangszeit der
Anwendung des KJHG vorgenommen. Die Erfahrung und Übung der Jugendämter
mit diesem Instrument war verständlicherweise noch beschränkt, jedoch war das ein
gewollter Effekt; zu den Zielen der Studie gehört es ja, Hinweise für die Verbesserung der Hilfeplanung zu geben. Dementsprechend sind die bearbeiteten Daten auch
nicht homogen im Sinne der beiderseits – von Beobachtern wie Informanten –
gewünschten Rückkoppelung von Lerneffekten. Während der Untersuchung veränderte sich das Planungsverhalten mancher Mitarbeiter/-innen. Die Art der Datensammlung läßt eine Analyse dieser Effekte aber nicht zu.
Ein anderer Einflußfaktor auf die Generalisierbarkeit der Ergebnisse darf nicht
unterschätzt werden: Die Wirklichkeit der Jugendhilfe wird von den Mitarbei-

ter(n)/(innen) repräsentiert, die bereit waren, an der Studie mitzuwirken. Es ist unübersehbar, daß dadurch eine Selektion zustandekam. Wenn man aber unterstellt, daß eher erfahrene und engagierte Mitarbeiter/-innen sich zur Teilnahme an der Untersuchung bereiterklärt haben, dann verzerrt das die Ergebnisse allenfalls in eine günstigere Richtung, so daß die Leistungsfähigkeit der Hilfeplanung eher über- als unterschätzt wird.

4.2 Charakteristika der Bezugsgruppe

Die Familien, die Jugendhilfe in Anspruch nahmen bzw. für die Hilfepläne erstellt wurden, stammten überwiegend aus den sozialen Grundschichten, dementsprechend aus größeren Familien, zwei Drittel entstammten geteilten oder unvollständigen Familien. Der hohe Anteil von einem Drittel alleinerziehender Eltern und die soziale Schichtzugehörigkeit tragen sicher zu dem hohen Prozentsatz von Elternteilen bei, die von sozialen Transferleistungen (Sozialhilfe, Arbeitslosengeld usw.) leben müssen.

Es gibt auch eine Tradition der hilfesuchenden Familien mit den Jugendämtern: zwei Drittel der Familien waren den Jugendämtern bereits vor der Hilfeplanung bekannt, 20 % bereits in der zweiten Generation. Das bestätigt zunächst die bekannten Transgenerationeneffekte, weiter aber auch die Vorstellung von bestimmten „Jugendhilfekarrieren": immerhin hatten mehr als die Hälfte derer, für die ein Hilfeplan erstellt wurde, Vorerfahrungen mit anderen Jugendhilfemaßnahmen. Zum Teil waren das schon intensive bzw. eingreifende Maßnahmen gewesen, denn bei 20 % diente der analysierte Hilfeplan der Revision eines früheren im Sinne der Planung einer neuen Hilfeform. Bereits bestehende Kontakte zwischen Familien und Jugendhilfe tragen sicher dazu bei, daß knapp ein Drittel dieser früheren Maßnahmen für Kinder im Alter von weniger als drei Jahren geplant wurden. Das läßt sich nur aus dem Kontakt der Jugendämter mit großen Familien und vorbetreuten Geschwistern oder Eltern erklären. Die Initiative zu den in dieser Studie analysierten Hilfemaßnahmen ging jedoch zu 40 % von den Eltern aus, bei vergleichsweise wenigen (13 %) hatte das Jugendamt die erste Initiative ergriffen (was im übrigen zeigt, wie sehr die von dem KJHG angestrebte Beteiligung der Eltern schon zur Wirklichkeit gehört). Das ist positiv, aber nicht ausreichend; denn es zeigt zugleich, daß die Kontakte der Jugendhilfe mit gefährdeten Familien zu gering sind, um einen präventiven Einfluß von Jugendhilfemaßnahmen sicherzustellen.

Bereits aus der hohen Rate lernbehinderter und verhaltensauffälliger Kinder ergibt sich, daß Leistungsprobleme in den Jugendhilfe inanspruchnehmenden Familien verbreitet sind. Der Anteil der Besucher von Sonderschulen beträgt 25 % (im Bundesdurchschnitt um 5 %): Bei insgesamt 40 % wurden die intellektuellen Fähigkeiten als unterdurchschnittlich eingeschätzt, das entspricht einem mehr als doppelt so hohen

Prozentsatz wie zu erwarten. Kinder mit umschriebenen Entwicklungsstörungen (Teilleistungsschwächen) stellen bekanntlich eine Risikogruppe für Verhaltensauffälligkeiten dar. Sie sind mit etwa einem Drittel in der Stichprobe vertreten; das entspricht den Erfahrungen mit Inanspruchnahmepopulationen von Jugendhilfemaßnahmen oder kinderpsychiatrischen Diensten, wenngleich in dieser Studie besondere Über- und Unterschätzungseffekte wirksam gewesen sein dürften, die sich gegenseitig aufheben (der Verdacht auf Überschätzungen ergibt sich aus dem erhöhten Mädchenanteil und der hohen Rate von Kindern mit unterdurchschnittlichen intellektuellen Fähigkeiten; der Unterschätzungsverdacht ergibt sich aus der mangelnden Vertrautheit der Sachbearbeiter mit entsprechenden Kategorien und der Erfahrung, daß solche Störungen häufig erst im Verlaufe begonnener Jugendhilfemaßnahmen diagnostiziert werden). Bei einem mittleren Alter von neun Jahren ist die Rate der umschriebenen Sprech- und Sprachstörungen außerdem vermutlich unterschätzt. Die Häufigkeit der Rechenschwächen dürfte überschätzt sein. In unausgelesenen Stichproben dieser Altersgruppe ist generell mit 11 % von Kindern mit umschriebenen Entwicklungsstörungen zu rechnen. Daß 40 % der Schüler der Sekundarstufe Hauptschulen besuchen und ebensoviele Sonderschulen, unterstreicht die Auswirkungen der Leistungsproblematik auf Schulkarrieren innerhalb der Inanspruchnahmeklientel dieser Studie.

Natürlich stellt die Stichprobe eine Auslese bezüglich chronischer psychosozialer Belastungen dar. Auch hierbei sind Effekte im Umgang mit dem Instrument zu erwarten – der von der WHO vorgegebenen Klassifikation, die benutzt wurde, um Vergleichswerte beziehen zu können. Mit dieser Einschränkung liegt die Belastung der Stichprobe höher als etwa die Klientel einer kinder- und jugendpsychiatrischen Klinik. Sogenannte harte Kriterien, wie etwa abweichende Elternsituation (62 %), psychische Störung oder abweichendes Verhalten eines Elternteiles (34 %) oder körperliche Kindesmißhandlung (18 %), zeigen deutlich, daß der Erlebnishintergrund der Kinder, mit denen sich die Hilfepläne beschäftigen, deutlich schlechter ist als in der Gesamtbevölkerung. Akute belastende Lebensereignisse spielen vor allem über Trennungs- und Scheidungsvorgänge eine Rolle, denn bei 34 % beschreiben die Sachbearbeiter den Verlust einer wichtigen Beziehung im Vorfeld der Hilfeplanung.

Die Probleme, die Eltern als Grund für die Inanspruchnahme der Jugendhilfe angeben, müssen sich nicht mit denen decken, die die Sachbearbeiter für zentral halten. Es zeichnet sich aber ab, daß in der Stichprobe Familien enthalten sind, bei denen bei relativ unauffälligem Kind eindeutig familiäre Probleme den Ausschlag für die Inanspruchnahme gegeben haben; diese Gruppe macht etwa 1/4 der Inanspruchnehmenden aus. Umgekehrt werden bereits am Beginn der Hilfeplanung 14 % der Familien als unauffällig betrachtet, d. h. hier fokussiert sich die Sichtweise der Fachleute bereits initial auf Schwierigkeiten des Kindes, und im Verlauf der Hilfeplanung nimmt dieser Anteil auf 50 % zu (s. 4.3). Aus diesem Grunde wurde mittels statistischer Methoden versucht, die Probleme der in Anspruch nehmenden Kinder und

Familien zu bestimmten Gruppen zusammenzufassen. Im Exkurs zum Abschnitt 3.1 wurde dargelegt, daß dieser Versuch als gelungen betrachtet werden kann. Sein Ergebnis ist, daß je 1/6 der in Anspruch nehmenden Familien bzw. betroffenen Kinder vorzugsweise wegen Beziehungsstörungen bzw. wegen emotionaler Probleme ihrer Kinder Hilfe suchten; demgegenüber treten zwei andere Gruppen mit je 1/3 deutlich in den Vordergrund; die eine ist durch das Vorhandensein von Leistungs- und Entwicklungsstörungen gekennzeichnet, die auf Eigenheiten des Kindes bzw. Unzulänglichkeiten des angebotenen Schulsystems im Hinblick auf dieses besondere Kind gekennzeichnet sind, bzw. auch durch Eltern, die ein nicht beeinträchtigtes Kind erziehen könnten, aber den besonderen pädagogischen Anforderungen eines beeinträchtigten Kindes nicht gewachsen sind. Diese Gruppe wird sicher nicht überschätzt, denn auch in dem Sechstel der Familien mit Beziehungsstörungen muß zwischen primären und sekundären Beziehungsstörungen unterschieden werden, also solchen, die bei ursprünglich intakten Familien aufgrund von Besonderheiten des (z. B. aufmerksamkeitsgestörten) Kindes entstehen. Insgesamt sind die Leistungsprobleme deswegen bedeutsam, weil sie langfristig das Risiko für die Entwicklung vor allem dissozialer Auffälligkeiten erhöhen. Das letzte Drittel nimmt Hilfe in Anspruch, weil bereits solche dissozialen Auffälligkeiten vorhanden sind. Es handelt sich dabei um relativ stabile Störungen, bei denen die Jugendhilfe demgemäß nur eine begrenzte Erfolgsaussicht im Sinne einer Reduzierung der Symptomatik hat und es häufig schon als Erfolg betrachten muß, wenn die Symptomatik sich bis zur Schwelle des Erwachsenenalters nicht verschlimmert. Dies sollten Erfolgserwartungen an vollstationäre Maßnahmen stärker berücksichtigen.

Die Summe solcher Auffälligkeiten, Behinderungen und Belastungen besagt allein nichts über die Beeinträchtigung der Entwicklung von Kindern. Geht man davon aus, daß ein Kind nur dann als psychisch gesund gelten kann, wenn zu erwarten ist, daß es den an sein Alter gestellten Entwicklungsaufgaben gerecht zu werden vermag, dann gilt es die Entwicklungsbeeinträchtigung der hier betroffenen Kinder abzuschätzen. Das geschah mittels eines aus der kinderpsychiatrischen Diagnostik übernommenen Instruments und erbrachte das schwerwiegende Ergebnis, daß 26 % der Kinder so beeinträchtigt sind, daß sie – bezogen auf das zur Schweregradbeurteilung verwendete Instrument (vgl. die Angaben zur SGKJ in 2.3) – stationärer kinderpsychiatrischer Behandlung bedürften. Zwei Drittel der Kinder bedürften nach den Beeinträchtigungswerten neben pädagogischen Maßnahmen einer ambulanten Behandlung, und es ist zu fragen, ob die geplanten Jugendhilfemaßnahmen Äquivalente für eine solche Behandlung sind. Dieser Behandlungsbedarf gewinnt insbesondere angesichts der ökonomischen Zwänge, mit denen sich Sachbearbeiter/innen auseinandersetzen müssen, an Bedeutung.

4.3 MERKMALE DER HILFEPLANUNG

Bei 20 % der betroffenen Familien dauert die Hilfeplanung deutlich länger als ein halbes Jahr. Man muß fragen, ob angesichts der Problembelastung der Familien diese Zeit angemessen ist oder ob sie verkürzt werden kann, zumal sie sich vorzugsweise auf die Untergruppe mit einer schweren Problematik bezieht, die von erfahrenen, eigenverantwortlichen Fachkräften bearbeitet wurden. Nur bei 14 % wird der Hilfeplan während seiner durchschnittlich fünfmonatigen Erstellungsdauer bezüglich der geplanten Maßnahme revidiert, fast 60 % der Hilfepläne passieren diesen Prozeß unverändert. Zu fragen ist, ob dies für die Qualität der initialen Vorstellungen spricht, oder eine zu geringe Beteiligung dritter Experten vermuten läßt. Immerhin 84 % der Hilfepläne werden überwiegend zwischen Sachbearbeiter/-in und Mutter des betroffenen Kindes ausgehandelt, und es ist wahrscheinlich, daß hierbei ein gewisses Gefälle besteht. Wird diese Dyade erweitert, dann in der Regel um die Institution, die die geplante Hilfeplanmaßnahme ausführen soll. Sie ist an 86 % der Hilfepläne beteiligt. Schon bei der Informationssammlung für den Hilfeplan spielen Experten außerhalb des Jugendamtes und der inanspruchgenommenen Institution eine auffallend geringe Rolle. Mit diesem Vorgehen vergaben die Planer möglicherweise Expertenwissen, das den Hilfeplan günstig beeinflussen könnte. Nur bei 30 % der Kinder wurden von Erziehungsberatungsstellen, Psychotherapeuten, Ärzten usw. vor oder während des Hilfeplanprozesses Diagnosen gestellt. Die Problemfokussierung der Sachbearbeiter/-innen orientiert sich jedoch nachweislich nicht bzw. nur in Ausnahmefällen, z. B. bei sexuellem Mißbrauch, an diesen Diagnosen.

Die belegten Zusammenhänge zeigen sich auch, wenn man die Zeit berücksichtigt, die einzelnen Informanten bzw. Partnern im Verlauf der Hilfeplanung zukommt. Auch hier stehen Experten innerhalb der Jugendämter, Mütter und in Aussicht genommene Träger der Maßnahme deutlich im Vordergrund. Zieht man von dem mit 30 % geringen Anteil vorliegender externer „Gutachten" die ab, die von den Trägern von Hilfemaßnahmen selbst – also praktisch intern – abgegeben werden, dann reduziert sich die Quote weiter. Angesichts dieser Asymmetrie der Informationssammlung müßte man erwarten, daß die Entscheidungsbeteiligung der Hauptinformanten entsprechend hoch ist. Das trifft aber nicht zu. Sofern Gruppenentscheidungen, wie sie das Gesetz fordert, zustandekommen, nehmen daran nur in zehn Prozent Familienmitglieder teil. Das unterstreicht die Asymmetrie innerhalb der Beziehung zwischen Eltern und Jugendamt. Hingegen verwundert es anhand der Befunde der erhobenen Daten nicht, daß externe Experten nur an vier Prozent der Hilfeplankonferenzen teilnehmen. Die Beteiligung von Kindern/Jugendlichen und Eltern, die das Gesetz vorsieht, findet auf diese Weise in der Wirklichkeit keine ausreichende Berücksichtigung. Immerhin stimmen 90 % der Eltern dem entwickelten Hilfeplan zu. Ob diese Zustimmungsrate als Kriterium für die Richtigkeit der Hilfeplanung angesehen werden kann, könnte nur eine katamnestische Studie entscheiden. In

15 % haben das betroffene Kind bzw. ein Elternteil Bedenken bezüglich bestimmter Regelungen des erstellten Hilfeplanes angemeldet: ebenfalls in der Praxis müßte katamnestisch untersucht werden, ob diese bestehenbleibenden Bedenken bei der Durchführung der Jugendhilfemaßnahmen wichtig werden und deswegen primär als Revisionsgründe anzusehen wären. Anders als die Eltern hatten die zugezogenen Jugendhilfeinstitutionen – obgleich Experten – kaum Bedenken geäußert; diese Zurückhaltung verwundert – erst recht angesichts des anschließend diskutierten Befundes – und wirft auch die Frage auf, ob hier Abhängigkeiten der Institutionen von den hilfegewährenden Jugendämtern eine Rolle spielen. Sofern an der Hilfeplanung Dritte beteiligt waren, ist es auffallend, daß von ihnen in 50 % Bedenken bezüglich der Hilfeplanung geäußert wurden. Da es kaum anzunehmen ist, daß diese extern zugezogenen Experten über mangelndes Wissen verfügen – schließlich wurden sie von den Jugendämtern befragt – unterstreichen ihre Einwände die Rolle von Dritten im Rahmen des Hilfeplanprozesses und zeigen, daß die vom Gesetzgeber gewollte Multidisziplinarität auch qualitätserhöhend wirken dürfte, sofern sie breit zustandekäme.

Bereits erwähnt wurde, daß sich die Sichtweise der Sachbearbeiter/-innen im Verlauf des Hilfeplanprozesses verschiebt. Wurden anfänglich nur bei 14 % der Familien deren Probleme im Verhältnis zu denen des Kindes für nachrangig gehalten, so erhöhte sich dieser Anteil bis zur Hilfeplanentscheidung auf gut 50 %, d. h. es erfolgt eine zunehmende Fokussierung der Sachbearbeiter/-innen auf kindliche Probleme. Zugezogene Experten werden zwar ebenfalls überwiegend zu Problemen des Kindes um Informationen gebeten, extern erstellte Diagnosen aber bei den Hilfeplanentscheidungen relativ wenig berücksichtigt. Das läßt vermuten, daß die Idealnorm der Sachbearbeiter/-innen sich teilweise an der Beeinflussung von Beziehungskonflikten innerhalb der Familie zugunsten einer indirekten Störungsbeeinflussung beim Kind orientiert, während im Verlauf des Planungsprozesses eine Einstellungsänderung dahin erfolgt, daß größere Erfolgsaussichten doch bei einem kindzentrierten Ansatz gesehen werden. Da dieser Shift offensichtlich auf den akkumulierten Erfahrungen der Sachbearbeiter/-innen beruht, könnte sein positiver Effekt durch die Einbeziehung von Expertenwissen über das Kind und die Berücksichtigung externer Diagnosen eher erhöht werden. In diesem Zusammenhang ist von Interesse, daß diagnostische Instrumente, die im Rahmen der Studie in der Hand der Sachbearbeiter/-innen fakultativ zum Einsatz kommen konnten, nur wenig Anwendung fanden, offensichtlich in ihrer Bedeutung also gering eingeschätzt wurden oder unbekannt bzw. ungewohnt sind. Diesbezüglich zeigten sich im Verlauf der Untersuchung auch nur geringe Verhaltensänderungen bei den Sachbearbeiter(n)/(innen). Die Aufhellung der Hintergründe dieses Verhaltens und seiner Änderungen dient sicher der Erhöhung der Qualität von Jugendhilfeentscheidungen.

Die Problematik der Teamentscheidungen zeigt sich darin, daß 57 % der Sachbearbeiter/-innen sich als Hauptverantwortliche für die getroffene Entscheidung sahen. Nur in 12 % wurde diese Hauptverantwortung dem Team zugeschrieben. Die Selbstzuschreibung der Verantwortung korreliert signifikant mit langen Entscheidungsverläufen, ebenso verlängert die Notwendigkeit einer Teamentscheidung die Zeit bis zum endgültigen Hilfeplan. Die Delegation der Entscheidung an Fachdienste oder Abteilungsleiter hatte die kürzeste Bearbeitungsdauer zur Folge. Verständlicherweise bestand eine Beziehung zwischen der Ausprägung der Problematik und der Dauer der Entscheidungsprozesse, mithin auch zwischen der Intensität der geplanten Maßnahme und der Entscheidungsdauer. Entscheidungsänderungen verlängerten die Planungsdauer aber nicht. Die Informationssammlung war intensiver, wenn eingreifendere Maßnahmen ins Auge gefaßt wurden, sie wurde relativ kleingehalten, wenn „nur" ambulante Maßnahmen anstanden. Kurze Entscheidungszeiten fielen auch bei der Planung teilstationärer Maßnahmen auf, während der zeitliche Vorbereitungsaufwand für Maßnahmen der Sozialpädagogischen Familienhilfe fast der Vorbereitung vollstationärer Maßnahmen entsprach. Im Zusammenhang mit der Beobachtung, daß bei ambulanten Maßnahmen die Notwendigkeit von Hilfeplänen grundsätzlich in Frage gestellt wird, und mit dem Befund, daß die Dokumentation der Hilfepläne für diese Maßnahmen in der Regel nur durch Aktenvermerke erfolgt, darf die Rate der ambulanten Maßnahmen, die später doch in intensivere Jugendhilfemaßnahmen überführt werden müssen, nicht außer acht gelassen werden. Die knappe Dokumentation solcher Maßnahmen läßt für Qualitätssicherung im Sinne einer Revision wenig Raum, geschweige denn für eine retrospektive Analyse daraufhin, ob in diesen offensichtlich für weniger problematisch gehaltenen „Fällen" tatsächlich die ambulanten Maßnahmen primär ausreichen. Unter diesem Gesichtspunkt ist die Empfehlung des Deutschen Vereins für öffentliche und private Fürsorge vom 30. Juni 1994, ein vereinfachtes Verfahren der Hilfeplanung dann zu benutzen, wenn die Hilfe zur Erziehung „wenig intensiven" Einfluß auf die Familie nimmt, ein „absehbares" Ende und einen „eindeutigen" Anlaß hat, kritisch zu hinterfragen; denn sie legt die Entscheidung über das Vorliegen dieser Vereinfachungskriterien in die Hand dessen, der das vereinfachte Verfahren durchführt.

Allgemein fällt auf, daß die Berufserfahrung der Mitarbeiter/-innen nur einen begrenzten Einfluß auf das Planungsverhalten hat. Das kann verschiedene Ursachen haben, die anhand unseres Materials nicht näher analysiert werden konnten. Es kann bedeuten, daß tatsächlich erfahrene Mitarbeiter/-innen Entscheidungen berechtigterweise häufiger selbst treffen. Dafür spräche, daß weniger berufserfahrene Mitarbeiter/-innen die letzte Entscheidung häufiger an andere Instanzen delegieren, aber auch weniger externe Informanten hinzuziehen. Ob die kürzere Gesamtplanungsdauer bei den Sachbearbeiter(n)/(innen) mit geringer Berufserfahrung ein Indiz für die Qualität bzw. umgekehrt die längere Bearbeitungsdauer bei erfahreneren Mitarbeiter(n)/(innen) ein solches Indiz ist, läßt sich aus unseren Daten ebenfalls nicht entnehmen, bedürfte aber der Nachprüfung. Für die Unterstützungsbedürftigkeit von Sachbearbeiter(n)/(innen) mit geringerer Berufserfahrung könnte sprechen, daß bei ihnen

Änderungen der Sichtweise während des Planungsprozesses relativ selten vorkommen, was verständlicherweise mit einer kurzen Entscheidungsdauer korreliert.

4.4 ANGEMESSENHEIT VON HILFEPLÄNEN

Neben den von den Fachleuten bemerkten Veränderungen kommt es im Rahmen der Hilfeplanung zu Änderungen der Sichtweise, die nicht als solche wahrgenommen werden. Da sie etwas über die impliziten Trends und Vorstellungen der Planer/-innen sagen, sind sie eine gesonderte Betrachtung wert. Wie schon oben erwähnt, tauchen bei fast einem Drittel der Hilfepläne kindbezogene Ziele auf, die durch vorerwähnte kindbezogene Probleme nicht gedeckt sind. Zugunsten dieser kindbezogenen Ziele fehlen in ca. 40 % der Hilfeplanungen eltern- bzw. familienbezogene Ziele, obwohl einschlägige Probleme registriert worden waren. Diese später vernachlässigten Probleme betreffen erzieherische Mängel, psychische oder körperliche Beeinträchtigungen der Eltern und organisatorische Defizite sowie diverse Beziehungsprobleme innerhalb der Familie. Leider war diese Zielverschiebung im gefundenen Ausmaß nicht voraussehbar, so daß in das Interview keine Fragen zu ihrer Analyse aufgenommen worden waren. Drei Möglichkeiten bieten sich zur Deutung dieser Verschiebung an: Die Experten sehen zwar die einschlägigen Probleme, erkennen aber in den Angeboten der Jugendhilfe keine adäquaten Maßnahmen, mit denen ihnen begegnet werden könnte; oder die Probleme werden zwar gesehen, die Eltern- und/oder Familiensysteme werden jedoch nicht für veränderungsfähig gehalten, weshalb von spezifischen Interventionen abgesehen wird. Die zweite Deutung überschneidet sich teilweise mit der dritten, daß nämlich die Experten sich von kindzentrierten Hilfemaßnahmen mehr Dauererfolg versprechen – eine Überlegung, die durch Ergebnisse der kinderpsychiatrischen Therapieforschung gestützt wird.

Natürlich haben die Umzentrierungen im Zuge der Hilfeplanung auch etwas mit der notwendigen Konsensfindung zu tun, d. h., sie spiegeln die Beteiligung der Familie an der Planung – auch das könnte zu kindzentrierten Maßnahmen beitragen. Daß die Zunahme unterschiedlicher kindzentrierter Hilfemaßnahmen nicht durch Verschiebungen innerhalb der kindzentrierten Maßnahmen zustandekommt, läßt sich belegen; denn kindspezifische Probleme und kindzentrierte Maßnahmen entsprechen einander mit einer Ausnahme: bei einem Teil der Kinder werden Probleme mit externalisierendem Verhalten in der Planung nicht berücksichtigt. Warum solche aggressiv-ausagierenden Verhaltensstörungen von Kindern in den Hilfeplänen weniger Niederschlag finden als andere Störungen, läßt sich anhand eines anderen Ergebnisses aufhellen: es besteht ein genereller Trend zur Verschiebung der Problematik von spezifischen Verhaltens- und Leistungsstörungen auf Beziehungsstörungen. Im Zuge der Problemfokussierung während des Hilfeplanprozesses wird auch unter den kindbezogenen Störungen der Anteil der Beziehungsstörungen mehr als verdoppelt (36 % zu vorher 16 %) und der Anteil der überwiegend externalisierenden und der depressiv-angstgetönten Störungen um jeweils auf die Hälfte verringert. Auch der Anteil der den Beziehungsstörungen zugeordneten Leistungsstörungen erhöht sich im Zuge dieses Prozesses. Dieser Vorgang entspricht einer Entdifferenzierung der diagnostischen Einschätzung. Gleich ob er ein Defizit an diagnostischem Rüstzeug oder eine bevorzugte theoretische Ausrichtung signalisiert, erschwert dieser Vorgang spezifische Indikationsstellungen und damit im weiteren Verlauf die Revision von Hilfeplänen bzw. deren Überprüfbarkeit.

Aus den unter 4.1 erwähnten Gründen verteilen sich die geplanten Hilfemaßnahmen weder repräsentativ noch systematisch. Andernfalls wären – eben wegen der Verschiebung auf intensivere Hilfeformen – verschiedene beschriebene Zusammenhänge deutlicher hervorgetreten, nicht etwa abgeschwächt worden. Die Kombination der vier Hilfearten mit anderen Maßnahmen aus dem Jugendhilferecht oder nach dem Bundessozialhilfegesetz spielt eine untergeordnete Rolle; die Kombination mit Maßnahmen nach dem Jugendhilferecht kommt am häufigsten bei ambulanten Maßnahmen vor, von denen offensichtlich auch begrenzte Wirkungen erwartet werden, während SPFH sowie teil- und vollstationäre Maßnahmen als umfassende Hilfeangebote gelten. Die Hälfte aller Hilfepläne ist mit schulischen oder therapeutischen Maßnahmen kombiniert, wobei letztere überwiegend kindzentriert sind. Die häufige Verbindung von schulischen und therapeutischen Maßnahmen mit teil- und vollstationärer Betreuung kann zweierlei signalisieren: diese eingreifenden Maßnahmen werden vor allem für Kinder mit multiplen Problemen (erzieherischem, schulischem und therapeutischem Interventionsbedarf) geplant, oder die Kombination solcher Maßnahmen ist im ambulanten Sektor bzw. im Rahmen der Sozialpädagogischen Familienhilfe unüblich (der Bedarf wird nicht gesehen) oder trotz Bedarfs unterentwickelt. Die von uns analysierten deutlichen Unterschiede legen die Interpretation von Unüblichkeit bzw. Angebotsdefiziten nahe.

Erörtert man die gewählten Hilfearten unter dem Aspekt der bestehenden Probleme und Hintergründe, dann ergeben sich relativ globale Zusammenhänge: Das Setting der Hilfe, also die Rahmenbedingungen, unter denen sie stattfindet, wird eher von den Lebensbedingungen des Kindes bestimmt als von seiner individuellen Problematik. Im Detail fällt dabei auf, daß für Alleinerziehende am ehesten Maßnahmen der Sozialpädagogischen Familienhilfe geplant werden, d. h. hier stehen elterliche Probleme im Vordergrund und nicht kindliche, denn umgekehrt ist diese Maßnahme eher selten vorgesehen, wenn Kinder aggressiv-ausagierendes Verhalten zeigen, obwohl dieses im Feld, also am Ort des Geschehens, am ehesten beeinflußt werden könnte; die Möglichkeiten der Sozialpädagogischen Familienhilfe werden auf diese Weise nicht so ausgeschöpft, wie es bei entsprechender Umorientierung und Weiterbildung der Familienhelfer/-innen möglich wäre. Angemessener erscheint die Beziehung zwischen Leistungsproblemen sowie Familienstruktur und den geplanten teilstationären Hilfen. Auch Leistungsprobleme werden leider nicht als Domäne der

Sozialpädagogischen Familienhilfe -also der Arbeit im natürlichen Milieu – betrachtet, obwohl sich hier Ansätze ergäben und gerade Familienhelfer/-innen geeignet wären, unzureichende Beziehungen zwischen Eltern und Schule zu ersetzen. Mangelnde Wärme, Anregung und Steuerung sind die Hauptschrittmacher für die außerfamiliäre Betreuung. Das liegt im Förderinteresse der betroffenen Kinder, zeigt aber auch, daß die Fachleute Umfeldänderungen in solchen Familien wenig Chancen einräumen. In diesem Trend liegt, daß seelische und körperliche Mißhandlung ebenfalls klare Indikatoren für außerfamiliäre Betreuungsformen sind.

Hinsichtlich der zusätzlichen Hilfeleistungen fällt zunächst auf, daß Interventionen zugunsten der Familie sehr breit streuen, also – abgesehen von einer gewissen Orientierung an der Schwere der kindlichen Entwicklungsbeeinträchtigung – nach nicht erkennbaren Regeln eingesetzt werden. Gezielter werden therapeutische Interventionen und besonders intensivierte schulische Fördermaßnahmen geplant. Da der Schwerpunkt der vorgesehenen therapeutischen Hilfen auf heilpädagogischer Förderung liegt, ist dabei auch nachvollziehbar, daß allgemeine und umschriebene Leistungsstörungen nicht nur relevante Kriterien für schulische, sondern auch für therapiebezogene Entscheidungen sind. Es fällt auf, daß zusätzliche Hilfen bezüglich Therapie von Verhaltens- bzw. Leistungsstörungen und auch familiäre Hilfen vorzugsweise bei ökonomisch bessergestellten Familien geplant werden, ein Befund, der nochmals zum Überdenken eventueller Asymmetrien zwischen hilfegewährendem Jugendamt und betroffenen Eltern mahnt.

4.5 WAS FÜHRT ZUR ZUFRIEDENHEIT MIT HILFEPLÄNEN?

Die höchste Zufriedenheit mit den geplanten Hilfemaßnahmen bringen die Sachbearbeiter/-innen zum Ausdruck; wenn sie Alternativvorschläge gehabt hatten, dann zielten diese zur Hälfte auf familienersetzende, also stationäre Maßnahmen. Entsprechend verbreitet ist die Überzeugung von der Durchführbarkeit der geplanten Maßnahme und von günstigen Prognosen für das betroffene Kind und seine Familie. Angesichts fehlender Qualitätsindikatoren und der Unmöglichkeit, eine katamnestische Betrachtung als objektives Qualitätsmerkmal in den Versuchsplan aufzunehmen, konnten im Rahmen des Projekts nur die genannten subjektiven Qualitätsindikatoren berücksichtigt werden. Um eine Qualitätsbeurteilung auf einer breiteren Basis zu ermöglichen, wurden sie mit Merkmalen des Hilfeplanprozesses zur Informationsgewinnung, Ausführlichkeit der Erörterung, Äußerung von Bedenken und Dokumentation kombiniert. Was sich dabei abzeichnete, waren getrennte Dimensionen für die Zufriedenheit der Sachbearbeiter/-innen und der Betroffenen, wobei die Zufriedenheit der letzteren engere Beziehungen zu den beigezogenen Merkmalen des Hilfeplanprozesses aufwiesen als die Zufriedenheit der Sachbearbeiter/-innen.

Daß die Trennung dieser Zufriedenheitsindikatoren berechtigt ist, ergibt sich, wenn man ihre Beziehungen zu Merkmalen der Betroffenen und der geplanten Maßnahmen beleuchtet. Die Sachbearbeiter/-innen äußerten die größte Zufriedenheit bei Hilfeplänen mit vollstationären Maßnahmen für Kinder, die angesichts der Schwere ihres Problems bereits Vorerfahrungen mit der Jugendhilfe gemacht hatten. Die Zufriedenheit der Eltern hingegen war am höchsten mit Hilfeplänen, die ambulante und teilstationäre Maßnahmen vorsahen. Mit solchen Hilfeplänen waren die Fachleute eher weniger zufrieden. Die Planung schulischer Sonderförderung und therapeutischer Interventionen erhöhte die Zufriedenheit der Fachleute; zu deren Zufriedenheit trug es auch bei, wenn mehrere Experten am Team beteiligt waren und eine ausführliche Dokumentation des Hilfeplanes erfolgte.

5 Zusammenfassung und Perspektiven

Das Kinder- und Jugendhilfegesetz sieht in § 36 eine Hilfeplanung vor. Während die ersten Erfahrungen mit diesem vorgeschriebenen Instrument gemacht wurden, beobachtete die hier vorgelegte Studie in elf Jugendämtern die von 74 Sachbearbeiter(n)/(innen) erstellten Hilfepläne für 128 vier- bis zwölfjährige Kinder. Die Herkunftsfamilien dieser Kinder können als typische Inanspruchnahme-Klientel der Jugendhilfe betrachtet werden – vor allem, sofern es sich um ausgeprägtere Störungen handelt. Bei aller Vorsicht bezüglich der Generalisierbarkeit der erhobenen Befunde dürften die Ergebnisse die Praxis der Hilfeplanung eher etwas zu günstig darstellen. Die Ergebnisse, die sich auf die Erstellung und Umsetzung des Hilfeplans, die Entscheidungen und deren Beurteilungen erstreckten, wurden vorstehend im einzelnen diskutiert. Die Diskussion regt an, über Perspektiven für das Instrumentarium der Hilfeplanung nachzudenken.

Zur Anwendung von Hilfeplänen fiel unter verschiedenen Gesichtspunkten auf, daß nur eine geringe Neigung besteht, für ambulante Maßnahmen Hilfepläne zu erstellen bzw. zu dokumentieren. Solche ambulanten Maßnahmen bewirken vor allem dann nur den Anfang einer Kette von Interventionen, wenn sie nicht ausreichen oder wenn zu günstige Entwicklungsprognosen gestellt wurden. Gerade um die Ursache solcher typischen Fehler der Hilfeplanung analysieren zu können, bedarf es einer lückenlosen und sorgfältigen Dokumentation – auch geplanter ambulanter Maßnahmen. Ebenso sind alle katamnestischen Untersuchungen zur Beurteilung von Hilfeplänen und damit zur Verbesserung des Hilfeplanprozesses auf detaillierte Dokumentationen angewiesen, die Entscheidungen nachvollziehbar machen.

Der Hilfeplanung ist eine breite Informationsgewinnung aufgegeben. Dabei werden die Möglichkeiten, externe Experten zuzuziehen und deren Wissen im Sinne einer effizienteren Planung zu nutzen, in der Praxis noch nicht ausgeschöpft. Solche Experten müssen nicht nur Probleme von Familien, sondern auch von Kindern verstehen und mit den Möglichkeiten der Jugendhilfe vertraut sein. Das ist insofern besonders wichtig, weil viele Fachleute in den Jugendämtern noch nicht die wünschenswerte Kooperation mit externen Experten suchen, die diagnostisch differentielle Zuordnungen ermöglicht. Infolgedessen neigen sie auch nicht zur Anwendung von vorhandenen diagnostischen Instrumenten; eine andere Folge ist, daß auch sich deutlich abzeichnende Leistungsprobleme von Kindern leicht zugunsten innerfamiliärer Beziehungsprobleme übersehen werden. Gerade weil im Zuge der Entscheidungsprozesse häufig eine Fokussierung auf kindliche Probleme erfolgt, erschiene der Rückgriff auf diagnostische Bezugssysteme hilfreich.

Die Problembeschreibungen, die Eltern von ihren Kindern geben, sind häufig verhaltensorientiert und treffend. Das Risiko, daß elterliche Problemsichten im Rahmen der Hilfeplanung nicht den vom Gesetzgeber vorgesehenen Raum einnehmen, ergibt sich aus einem Einflußgefälle der Eltern, mit deren sozioökonomischem Hintergrund. Je höher er ist, um so angemessenere Maßnahmen können die Eltern für ihre Kinder durchsetzen. Solche Befunde legen nahe, auch die Gültigkeit von Bedenken, die Eltern gegen Hilfepläne vorbringen, während der Durchführung solcher Maßnahmen zu überprüfen; katamnestische Studien sind deswegen unerläßlich.

Obwohl die Fachleute sich bei der Hilfeplanung weitgehend von systemischen Vorstellungen leiten lassen, bleiben bei der Zieldefinition elterliche Probleme häufig außer acht. Systemische Sichtweise führt leicht zu einer Zielhierarchie, bei der definierte kindliche Probleme wie Leistungsschwierigkeiten oder Dissozialität im Sinne globaler Beziehungsstörungen umgedeutet werden. Der Vorgang führt weiter zu einer Einengung bestimmter Hilfeangebote, wie etwa der Sozialpädagogischen Familienhilfe, und läßt beispielsweise deren fördernde und kompensatorische Möglichkeiten leicht außer acht. Umfassendere Interventionen werden als die zufriedenstellenderen Maßnahmen angesehen, für die entsprechend mehr Arbeit aufgewendet wird. Nicht zu verkennen ist, daß die Notwendigkeit einer Konsensfindung, vor allem mit den Eltern, aber auch dem Kind, unzuträgliche Kompromisse begünstigt. An den geforderten Teamentscheidungen sind Eltern selten selbst beteiligt, ebenso selten aber auch externe Experten. Eine sinnvolle Erweiterung der entscheidenden Teams könnte die Auswahl optimaler Hilfeformen und vor allem den gezielteren Einsatz zusätzlicher Fördermaßnahmen – etwa schulischer oder therapeutischer Art – bewirken.

Der augenblickliche Stand der Hilfeplanung verdeutlicht einen hohen Weiterbildungsbedarf der Fachleute. Dieser Weiterbildungsbedarf ist angesichts der ihnen durch das Gesetz zugewiesenen neuen Aufgaben verständlich. Darüber hinaus ergibt sich Beratungsbedarf der Jugendämter bei der Strukturierung von Hilfeplanprozessen, der durch externe Expertenwahl oder Landesjugendämter wahrgenommen werden könnte. Auch andere in den Bereich der Jugendhilfeplanung fallende Aufgaben hat die Studie deutlich gemacht. Sie bestehen in einer Erweiterung und Differenzierung regionaler Hilfeangebote, vor allem aber in der Anregung zur Bereitstellung präventiver Maßnahmen. Präventionsbedarf ergibt sich beispielsweise im Frühstadium der Entstehung dissozialer Verhaltensweisen bei Kindern, bei der Betreuung Alleinerziehender über die Scheidungsberatung hinaus oder bei aufsuchenden Erziehungshilfen, die der erwünschten, aber häufig späten Initiative von Eltern zuvorkämen. Die Auswirkungen solcher regionaler Jugendhilfeplanung zu untersuchen und zu bewerten, ist Aufgabe der relativ unterentwickelten Jugendhilfeforschung. Eine andere Aufgabe der Jugenhilfeforschung hat sich immer wieder bei der Auswertung der Daten dieses Projektes gezeigt: letztlich können nur katamnestische Studien die Effektivität bestimmter Hilfepläne und Gründe für ihre Qualität oder ihre Mängel belegen. Daß dafür gut dokumentierte Hilfepläne notwendig sind, führt zu den Ausgangsüberlegungen, auch niedrigschwellige Hilfemaßnahmen zu planen und zu dokumentieren, zurück.

6 Die Jugendhilfe-Effekte-Studie – Ziele, Durchführung und mögliche Erträge[1]

Franz Petermann

6.1. EINLEITUNG

Im Juli 1995 wurde dem Deutschen Caritasverband eine Jugendhilfe-Effekte-Studie mit einer Laufzeit von vier Jahren genehmigt. Die Finanzierung erfolgt durch das Bundesministerium für Familie, Senioren, Frauen und Jugend; zudem finanzieren anteilig die Bundesländer Bayern, Bremen, Nordrhein-Westfalen, Thüringen und der Landesteil Baden sowie der Deutsche Caritasverband (Freiburg). Die wissenschaftliche Beratung liegt in den Händen von Herrn Prof. Dr. Franz Petermann, Direktor des Zentrums für Rehabilitationsforschung der Universität Bremen, und Prof. Dr. Dr. Martin Schmidt, Direktor der Abteilung für Kinder-/Jugendpsychiatrie des Zentralinstituts für seelische Gesundheit in Mannheim.

Die Studie wird multizentrisch an vier Standorten realisiert und strebt einen möglichst umfassenden *Praxistransfer* für Jugendämter und Jugendhilfeeinrichtungen an. Mit Hilfe dieser Studie sollen vergleichende Aussagen zur Angemessenheit und Effizienz von Angeboten gemäß § 28 bis § 34 KJHG möglich werden. Die Jugendhilfe-Effekte-Studie basiert dabei auf einer Vorstudie unserer Arbeitsgruppe, die im Frühjahr 1995 publiziert wurde (Petermann & Schmidt, 1995; vgl. das vorliegende Buch).

6.2. ZIELE DER JUGENDHILFE-EFFEKTE-STUDIE

Die Studie wird Angebote (Maßnahmen) der Jugendhilfe hinsichtlich ihrer Leistungsfähigkeit dokumentieren. Hierbei wird die Erstellung eines Hilfeplanes nach § 36 KJHG, der Verlauf, die Ergebnisse und der langfristige Erfolg festgehalten. Zumindest fünf Ziele werden im Detail damit verfolgt:
- Optimierung von Angeboten der Jugendhilfe,
- Effektvergleich der Angebote nach § 28 bis § 34 KJHG,
- Entwicklung und Standardisierung von Verfahren zur Befunderstellung und Erfolgsbeurteilung in der Jugendhilfe,
- Aussagen zur Vergleichbarkeit der Angebote und
- Gewinnung von statistisch abgesicherten Detailaussagen.

Ein wesentliches Ziel der Qualitätsicherung und des Qualitätsmanagements in der Jugendhilfe besteht in der Optimierung, das heißt dem wirtschaftlichen Einsatz der

---

1 Schriftliche Fassung eines Vortrages, der am 7. 6. 1995 in Wiesbaden im Rahmen der Vorstellung der Studie zum § 36 KJHG gehalten wurde (Veranstalter: Deutscher Caritasverband).

Ressourcen der Jugendhilfe. Diese Vorgabe läßt sich nur durch eine Verbesserung der Hilfeplan-Erstellung und -Fortschreibung erreichen. Eine nachvollziehbare und kriteriengeleitete Dokumentation des Verlaufs von Jugendhilfemaßnahmen stellt hierfür eine zentrale Voraussetzung dar.

Das zweite Ziel der Studie, der Effektvergleich der Angebote, geht von der Vorgabe des KJHG aus, daß es sich bei den folgenden Hilfen um einen abgestuften Maßnahmenkatalog handelt:

- Ambulante Jugendhilfe (gemäß § 28),
- Erziehungsbeistandschaft (gemäß § 30),
- sozialpädagogische Familienhilfe (gemäß § 31),
- Tagesgruppe (gemäß § 32) und
- vollstationäre Heimerziehung (gemäß § 34).

Ein solcher Effektvergleich kann auf verschiedenen Ebenen durchgeführt werden. So kann geprüft werden, welche Versorgung in einer Region vorliegt (= IST-Struktur) und welche für eine ausreichend differenzierte Versorgung einer Region notwendig wäre (= SOLL-Struktur). Ein solcher Vergleich zeigt Diskrepanzen im Sinne einer Unter- bzw. Überversorgung einer Region auf. Es läßt sich aber auch im Hinblick auf eine *spezifische Problematik* eines Kindes und/oder seiner Familie eine gezielte Kosten-Nutzen-Analyse realisieren. Unter dem Gebot der Humanität und Wirtschaftlichkeit gelingt es dann, die kostengünstigste Hilfeform zu identifizieren. Die Nutzendimension schließt dabei sehr unterschiedliche Aspekte ein, wie die Zeit (wie schnell führt das Angebot zu einer Besserung), das Ausmaß der ungewollten Nebenwirkungen und die Dauer der Effekte.

Ein großes Problem der Qualitätssicherung in der Jugendhilfe ist dadurch gegeben, daß bislang kaum standardisierte Verfahren zur Befunderhebung und Erfolgsbeurteilung vorliegen. Dieser Mangel wird schrittweise durch die vorliegende Studie behoben werden; auch hier bildet die Standardisierung im Rahmen der Erstellung des Hilfeplans einen Schritt in die gewünschte Richtung.

Die Diskussion um die Vergleichbarkeit der Leistungen unterschiedlicher Jugendhilfemaßnahmen setzt Festlegungen (Kriterien) unterschiedlicher Art voraus, die zu einer Quantifizierung von Leistungsmerkmalen führen müssen. Einfache Beispiele hierfür wären Dokumente, die nachvollziehbare Aussagen zum Beispiel zu folgenden Bereichen zulassen:

- Zahl der Kontakte zur Familie,
- Betreuungszeit pro Kind und Familie,
- Dauer und Intensität (zeitlicher Umfang) einer Entwicklungsförderung,
- Ziele, Formen und Ausmaß der Elternarbeit,
- organisationsbezogener „Index" aus den Strukturmerkmalen der Einrichtung,
- Nettostunden (pro Kind) für spezifische Maßnahmen und
- „Kostenindex".

Solche Bemühungen zur Quantifizierung verstehen sich als Annäherung an Leistungsmerkmale der Angebote und verlieren nicht aus den Augen, daß nicht alle zwischenmenschlichen „Qualitäten" normiert werden können.

Da noch nie im deutschen Sprachraum eine solch umfassend angelegte, systematische Jugendhilfe-Effekte-Studie realisiert wurde, sollte in der Abschlußphase des Projektes auf eine komplexe statistische Analyse nicht verzichtet werden. Folgende statistische Auswertungen sind geplant:

- Intraindividuelle Veränderungsmessungen für ausgewählte Maßnahmen über vier Erhebungszeitpunkte (vgl. zur Vorgehensweise, Petermann, 1995a);
- Maßnahme-Vergleiche, wobei die Effekte der Hilfeformen u. a. danach definiert werden, inwieweit sich das Entwicklungsniveau und das Ausmaß der Beeinträchtigungen der Kinder verändert haben oder wie sich das soziale Umfeld geändert hat.
- Regional- und Länderauswertungen: als Teilauftrag der mitfinanzierenden Bundesländer erfolgt eine länderspezifische Auswertung, wobei regionale Aspekte besonders beachtet werden.
- Multivariate Effektanalysen sind aufgrund der Stichprobengröße und der Anzahl der wiederholten Erhebungen möglich (vgl. Abschnitt 3); durch sogenannte Kausalmodelle lassen sich Einflußfaktoren bestimmen, die den Erfolg einer Jugendhilfemaßnahme ausmachen.

6.3. DURCHFÜHRUNG DER JUGENDHILFE-EFFEKTE-STUDIE

In der Studie werden 200 Kinder der Altersgruppe von 5 bis 13 Jahren erfaßt, die zu je 40 Fällen auf die obengenannten fünf Hilfeformen verteilt werden. Die Zuordnung zu den Hilfeformen erfolgt nach Empfehlung der Jugendämter; zusätzlich wird in Anlehnung an Klassifikationssysteme für psychische Störungen (vgl. Petermann, Lehmkuhl et al., 1995) der Schweregrad der Beeinträchtigung und das Ausmaß der psychosozialen Belastungen des Kindes erhoben.

Zu Beginn der Jugendhilfemaßnahme werden das Kind und sein psychosoziales Umfeld sowie die Chancen beurteilt, mit der gewählten Hilfeform einen (dauerhaften) Erfolg zu erzielen. Wie schon erwähnt, sieht der Erhebungsplan insgesamt vier Beurteilungen (Befragungen) pro Kind bzw. Familie zur Erfolgsbewertung vor. So liegen – neben der „Eingangsbewertung" (= in der Regel Daten aus dem Hilfeplan) – drei Effekteinschätzungen vor; diese erfolgen zur Mitte, am Ende und ein Jahr nach Abschluß der Jugendhilfemaßnahme. Für die einzelnen Hilfeformen ergeben sich dabei unterschiedliche Zeitraster für die Erhebung, die aus der (projektierten) Laufzeit der Studie resultieren.

Zur Unterstützung der Aussagekraft des Hilfeplans nach § 36 und /oder seiner Ergänzung sollen u. a. folgende Eingangskriterien zum ersten Erhebungszeitpunkt gewonnen werden:

- Erziehungsbedarf des Kindes,
- Entwicklungsniveau des Kindes,
- Qualität des sozialen Umfeldes,
- Ausmaß der kindlichen Beeinträchtigungen und
- Ressourcen des Kindes und seines psychosozialen Umfeldes.

Diese Beschreibungskategorien für psychosoziale Beeinträchtigungen werden den gängigen Klassifikationssystemen für psychische Störungen entnommen (s. DSM-IV, ICD-10; vgl. Petermann, Lehmkuhl et al., 1995).

Die auf die beschriebene Weise gewonnenen Einschätzungen werden sukzessiv ausgewertet, wobei daraus u. a. folgende Empfehlungen zur Optimierung der Jugendhilfe abgeleitet werden können:

- Hinweise auf minimale Standards (Informationen) bei der Erstellung von Hilfeplänen gemäß § 36 KJHG.
- Kostenaufwand für Dienstleistungen, der zur Erstellung eines Hilfeplans notwendig ist.
- Länder- bzw. regionspezifische Bestands- und Bedarfsanalysen (unter Einschluß von Kosten-Nutzen-Analysen);
- Erstellung von Anforderungsprofilen für spezifische Angebote (z. B. bei der Betreuung von psychisch Behinderten gemäß § 35a KJHG oder Formen psychosozialer Frühförderung);
- Hinweise auf einen umfassenden und milieubezogenen Einbezug der Eltern/der Familie in die Jugendhilfemaßnahme.

All diese Bemühungen beabsichtigen, Minimal-Standards für die Realisierung von Jugendhilfemaßnahmen zu erstellen. Solche Standards (i. S. der Struktur-, Prozeß- und Ergebnisqualität) können für ausgewählte Hilfeformen derart ausgearbeitet werden, daß sowohl die Kostenträger als auch Leistungserbringer (= Einrichtungen der Jugendhilfe) eine *konkrete* Orientierung daraus ableiten können. Auf diese Weise garantiert die Jugendhilfe-Effekte-Studie einen idealen Praxistransfer für Jugendämter *und* Einrichtungen der Jugendhilfe.

6.4. ZEITPLANUNG UND ERTRÄGE DER JUGENDHILFE-EFFEKTE-STUDIE

Die Effekte-Studie läßt sich in drei Phasen gliedern, die im folgenden kurz im Hinblick auf die zu erwartenden Effekte spezifiziert werden sollen:

- *Phase 1: Ende 1996*
  Bis zu diesem Zeitpunkt liegen Vorgaben zur Erstellung von Hilfeplänen vor, die im Rahmen der Einleitung einer Jugendhilfemaßnahme als Leitfaden herangezogen werden können. Besonders differenziert sollten Angaben zur Form und dem Prozedere der Kooperation mit den Eltern gemäß § 36 KJHG ausgearbeitet werden.

● *Phase 2: Mitte 1998*

Bis zu diesem Zeitpunkt liegen mindestens drei Erhebungen pro Maßnahme und Kind vor, das heißt, es steht lediglich noch die Erhebung ein Jahr nach Maßnahme-Ende aus. Dies bedeutet, daß alle Aussagen zur Struktur- und Prozeßqualität der Jugendhilfemaßnahmen getroffen werden können. Dies trifft sowohl für die länderspezifischen Aspekte als auch auf die Gesamtstudie zu.

Vermutlich liegen für die kurzfristigen Jugendhilfemaßnahmen erste Analysen über alle Erhebungszeitpunkte vor; dies bedeutet, daß zu diesem Zeitpunkt schon umfassende, jedoch noch keine vergleichenden Aussagen zur Effektivität der ambulanten Jugendhilfe möglich sein werden.

● *Phase 3: Mitte 1999*

Zu diesem Zeitpunkt ist die Studie abgeschlossen, das heißt, es sind Aussagen über die Effekte aller Hilfeformen und ein Effektvergleich möglich. Aus dem Verlauf und dem erzielten Erfolg der Maßnahmen lassen sich die einleitend beschriebenen Optimierungsaussagen ableiten; solche Aussagen sind länder- bzw. regionbezogen und insgesamt möglich.

Aus dem Vergleich der Effekte verschiedener Hilfeformen lassen sich Aussagen zur Leistungsfähigkeit der Angebote treffen. Solche Ergebnisse können dazu führen, daß Kostenträger und Leistungserbringer Belege darüber erhalten, welche Jugendhilfemaßnahmen bei bestimmten Konstellationen (z. B. familiärer Art) auszuschließen sind, obwohl die Beeinträchtigung eines Kindes gering und damit eine kostengünstige (ambulante) Maßnahme angezeigt wäre. Ebenso lassen sich gesicherte Hinweise darüber erzielen, wann man eine (kostenintensivere) Maßnahme vorzeitig (und mit hinreichendem Erfolg) beenden kann oder welche zusätzliche Hilfe eine frühzeitige und erfolgreiche Beendigung ermöglicht. Auf die beschriebene Weise könnten leistungsschwache Hilfeformen revidiert oder intensive, aber zeitlich verkürzte Hilfeformen durch die Jugendhilfe-Effekte-Studie initiiert werden. Eine auf diese Weise „flexibilisierte" Jugendhilfe setzt Mitarbeiter auf der Seite der Kostenträger und Leistungserbringer voraus, die sich gemäß der neuen Erfordernisse qualifizieren und fortbilden. So kann ein weiterer, zusätzlicher Erfolg der Studie darin bestehen, gezielte Hinweise im Hinblick auf den bestehenden Fortbildungsbedarf zu formulieren. Darüber hinaus wäre es wünschenswert, wenn sich aus der Studie konkrete Vorgaben für die Entwicklung einer kompetenzsteigernden Mitarbeiterfortbildung und pädagogischen Supervision formulieren lassen würden.

LITERATUR

Petermann, F. (Hrsg.) (1995a). Einzelfallanalyse. München: Oldenbourg, 3. durchges. Auflage.

Petermann, F. (Hrsg.) (1995b). Lehrbuch der Klinischen Kinderpsychologie. Göttingen: Hogrefe.

Petermann, F., Lehmkuhl, G., Petermann, U. & Döpfner, M. (1995) Klassifikation psychischer Störungen im Kindes- und Jugendalter nach DSM-IV – Ein Vergleich mit DSM-III-R und ICD–10. Kindheit und Entwicklung, 4, 171–182.

Petermann, F. & Schmidt, M. (Hrsg.) (1995). Hilfeplan nach § 36 KJHG (herausgegeben im Auftrag des Deutschen Caritasverbandes). Freiburg: Lambertus.

Literatur

Achenbach, T.M. & Edelbrock, C.S. (1983). Manual for the Child Behavior Checklist and Revised Child Behavior Profile. Burlington, Vermont: University Associates in Psychiatry.

Baldewein, I. (1992). Hilfeplan – sein Standort im Prozeß der erzieherischen Hilfen. Evangelische Jugendhilfe, 3, 28–29.

Bayerisches Landesjugendamt (1992). Vorschlag zum Hilfeplan, Einführung und Vordrucke zum Hilfeplan. München.

Blumenberg, F.-J. (1992). Eröffnung der AFET Tagung 1992 und Anmerkungen zur Thematik. AFET, Neue Schriftenreihe, 47, 13–14.

BT-Drucksache 11/5548/1989.

Busch, M. (1992). Sozialdatenschutz bei Hilfe zur Erziehung. Unsere Jugend, 44(9), 372–379.

Cobus-Schwertner, I. (1992). Erziehungskonferenzen, Hilfepläne, erweiterte Zusammenarbeit mit den Eltern: Neue Möglichkeiten für Kinder, Jugendliche und Erzieherinnen oder Reaktivierung des alten Streits um Indikation und Diagnose? In F. Peters & W.C. Trete (Hrsg.), Strategien gegen Ausgrenzung (407–428). Frankfurt: IGFH.

Dalferth, M. (1982). Erziehung im Jugendheim. Weinheim: Beltz.

Deutscher Verein für öffentliche und private Fürsorge (1977). Frankfurt.

Deutscher Verein für öffentliche und private Fürsorge (1994). Empfehlungen vom 30. Juni 1994.

Dilling, H., Mombour, W. & Schmidt, M. H. (Hrsg.) (1991). Internationale Klassifikation psychischer Störungen. Bern, Göttingen, Toronto: Huber.

Döpfner, M. (1995). Hyperkinetische Störungen. In F. Petermann (Hrsg.), Lehrbuch der Klinischen Kinderpsychologie (165–217). Göttingen: Hogrefe.

Döpfner, M., Melchers, P., Fegert, J., Lehmkuhl, G., Lehmkuhl, U., Schmeck, K., Steinhausen, H.-C. & Poustka, F. (1994). Deutschsprachige Konsensus-Versionen der Child Behavior Checklist (CBCL 4–18), der Teacher Report Form (TRF) und der Youth Self Report Form (YSR). Kindheit und Entwicklung, 3, 54–59.

Esser, G., Schmidt, M. H., Blanz, B. (1993). Der Einfluß von Zeitpunkt und Chronizität von Stressoren auf die seelische Entwicklung von Kindern und Jugendlichen. Zeitschrift für Kinder- und Jugendpsychiatrie, 21, 82–89.

Esser, G. (1995). Umschriebene Entwicklungsstörungen. In F. Petermann (Hrsg.), Lehrbuch der Klinischen Kinderpsychologie (267–285). Göttingen: Hogrefe.

Evangelischer Fachverband für Erziehungshilfen in Westfalen-Lippe e.V. (Eckart) (1992). Hilfeplan. Instrument der Sozialpädagogik oder lästige Verpflichtung? Einladung zur Jahrestagung, 24. November 1992 in Münster. (Materialien).

Forum Jugendhilfe (1991). Der Hilfeplan – Einführung, Erstellung, Umgang – Dokumentation. Heilbronn: Diakonie Franken.

Frey, K. (1990). Mitwirkung, Hilfeplan. In W. Gernert (Hrsg.), Freie und öffentliche Jugendhilfe. Einführung in das Kinder- und Jugendhilfegesetz (KJHG), (S. 112–115). Stuttgart: Boorberg.

Fricke, A. (1992). Die Beteiligung der Personensorgeberechtigten sowie der Kinder und Jugendlichen bei der Hilfe zur Erziehung (Heimunterbringung, Vollzeitpflege) nach dem KJHG. Zentralblatt für Jugendrecht, 10, 509–516.

Gärtner-Harnach, V. & Maas, U. (1987). Psychosoziale Diagnose und Datenschutz in der Jugendhilfe. Untersuchung von gutachterlichen Stellungnahmen und Entwicklungsberichten aus dem Bereich der Heimerziehung im Rahmen der Freiwilligen Erziehungshilfe. Mannheim: Fachhochschule für Sozialwesen.

Heitkamp, H. (1989). Heime und Pflegefamilien – konkurrierende Erziehungshilfen? Frankfurt a. M.: Diesterweg.

Holländer, A. & Hebborn-Brass, U. (1989). Beziehung zwischen Intelligenz und Pathogenese unterschiedlicher psychischer Störungen im Kindesalter. Zeitschrift für Kinder- und Jugendpsychiatrie, 17, 63–69.

Hurrelmann, K. (1993). Familie heute – neue Herausforderungen für die Politik. In LBS-Initiative Junge Familie (Hrsg.), Familien: Lebensformen für Kinder (60–79). Weinheim: Beltz.

Hurrelmann, K. & Settertobulte, W. (1995). Prävention und Gesundheitsförderung. In F. Petermann (Hrsg.), Lehrbuch der Klinischen Kinderpsychologie (95–124). Göttingen: Hogrefe.

Juli, P. (1992). Widerreden – zum Beitrag von Karl Späth, „Das KJHG im Praxistest". Zentralblatt für Jugendrecht, 79 (5), 278–280.

Jung, C. (1992). Handlungsspielraum des öffentlichen Trägers der Jugendhilfe. AFET, Neue Schriftenreihe, 47, 35–52.

KGST (1975). Bericht zur Organisation des Allgemeinen Sozialen Dienstes der Kommunalen Gemeinschaftsstelle für Verwaltungsvereinfachung. Bericht 6/1975. Köln.

Landschaftsverbände Rheinland & Westfalen-Lippe (LVR), Dezernat 4, Landesjugendamt, Schule (1992). Empfehlungen zum Hilfeplanverfahren gemäß § 36 KJHG. Münster.

Landratsamt Würzburg, Kreisjugendamt (1993). Anmerkung zum Hilfeplan. Würzburg.

Maas, U. (1991). Aufgaben sozialer Arbeit nach dem KJHG (Kinder- und Jugendhilfegesetz). Systematische Einführung für Studium und Praxis. Sozialmagazin Sonderband. Weinheim: Juventa.

Maas, U. (1992a). Soziale Arbeit als Verwaltungshandeln. Weinheim, Juventa.

Maas, U. (1992b). Der Hilfeplan nach § 36 KJHG. Zentralblatt für Jugendrecht, 79 (2), 60–63.

Matthey, H. (1991). Einzelfallentscheidungen durch Erziehungskonferenzen. Sozialpädagogische Fortbildung, 32.

Menne, K. (1993). Erziehungsberatung und Hilfeplan. AFET, Mitgliederrundbrief, 2, 3–7.

Merkel, A. (1992). „Grußwort". AFET, Neue Schriftenreihe, 47, 11–12.

Münder, J. (1992). Schon wieder Widerreden. Zentralblatt für Jugendrecht, 79 (9), 480–481.

Münder, J. et al. (1991). Frankfurter Lehr- und Praxiskommentar zum KJHG. Münster.

Onnasch, W. (1992). Erziehungshilfe in der Diskussion. Der Hilfeplan als Koordinationsinstrument zwischen öffentlicher und freier Jugendhilfe. AFET, Mitgliederrundbrief, 4, 82–83.

Petermann, F. (1996). Einzelfalldiagnostik in der klinischen Praxis (3. Aufl.). Weinheim: Psychologie Verlags Union.

Petermann, F. & Kusch, M. (1993). Entwicklungspsychopathologie von Verhaltensstörungen im Kindes- und Jugendalter. In F. Petermann & U. Petermann (Hrsg.), Angst und Aggression bei Kindern und Jugendlichen (31–54). München: Quintessenz.

Petermann, F. & Kusch, M. (1995). Klinische Diagnostik. In R. S. Jäger & F. Petermann (Hrsg.), Psychologische Diagnostik (3. korr. Aufl., 510–533). Weinheim: Psychologie Verlags Union.

Praxisforschung in der Heimerziehung (1992). Praxisforschung in der Jugendhilfe. Jugendwohl, 73, 81–84.

Rebbe, F. W. (1992). Der Hilfeplan – Chance zur Beteiligung oder nur Methode? AFET, Neue Schriftenreihe, 47, 60–63.

Remschmidt, H. (1995). Grundlagen psychiatrischer Klassifikation und Psychodiagnostik. In F. Petermann (Hrsg.), Lehrbuch der Klinischen Kinderpsychologie (3–52). Göttingen: Hogrefe.

Remschmidt, H. & Schmidt, M. H. (Hrsg.) (1986a). Multiaxiales Klassifikationsschema für psychiatrische Erkrankungen im Kindes- und Jugendalter nach Rutter, Shaffer, Sturge. Bern: Huber.

Remschmidt, H. & Schmidt, M. H. (Hrsg.) (1986b). Therapieevaluation in der Kinder- und Jugendpsychiatrie. Stuttgart: Enke.

Reuter-Spanier, D. (1993). Replik auf Heinz Stephan – Der Hilfeplan aus Jugendamtssicht. AFET, Mitgliederrundbrief, 1, 3.

Schellhorn, W. & Wienand, M. (1991). Das Kinder- und Jugendhilfegesetz (KJHG) Sozialgesetzbuch Achtes Buch (SGB VIII). Ein Kommentar für Ausbildung, Praxis und Wissenschaft. Berlin: Luchterhand.

Schmidt, M. H. (1986). Psychopathologie bei geistiger Behinderung. In G. Neuhäuser (Hrsg.), Entwicklungsstörungen des Zentralnervensystems (175–182). Stuttgart: Kohlhammer.

Schrapper, C. (1993). Grundsätze und Arbeitsformen der Hilfeplanung nach §§ 36/37 KJHG. AFET, Mitgliederrundbrief, 1, 4–9.

Schrapper, C., Sengling, D. & Wieckenbrock, W. (1987). Welche Hilfe ist die richtige? Historische und empirische Studien zur Gestaltung sozialpädagogischer Entscheidungen im Jugendamt. Arbeitshilfen Heft 33. Frankfurt a. M.: Eigenverlag des Deutschen Vereins für öffentliche und private Fürsorge.

Späth, K. (1991). Vom Entwicklungsbericht zum Hilfeplan. Jugendhilfe 29 (7), 302–311.

Späth, K. (1992a). Aufgabenstellung des Hilfeplanes aus der Sicht des Gesetzgebers. Evangelische Jugendhilfe, 3, 12–15.

Späth, K. (1992b). Der Hilfeplan im Spannungsfeld zwischen Bevormundung und Einbeziehung von Kindern, Jugendlichen und Eltern. Unsere Jugend, 44 (4), 149–155.

Späth, K. (1992c). Das KJHG im Praxistest. Zentralblatt für Jugendrecht, 79 (3), 128–132.

Späth, K. (1993). Kinder und Eltern – Partner oder Störfaktor bei der Hilfeplanung? AFET, Mitgliederrundbrief, 1, 9–14.

Spindler, M. (1993). Hilfeplanung im Heim und Subjektstellung des Klienten. Jugendwohl, 2, 66–72.

Steinhausen, H. C. (1985). Eine Skala zur Beurteilung psychisch gestörter Kinder und Jugendlicher. Zeitschrift für Kinder- und Jugendpsychiatrie, 13, 230–240.

Steinhausen, H. C. (1987). Global assessment of child psychopathology. Journal of the American Academy of Child Psychiatry, 26, 203–206.

Stephan, H. (1992). Der Hilfeplan aus Jugendamtssicht 1 AFET, Mitgliederrundbrief, 4, 83–86.

Trudel, H. (1991). Der Hilfeplan – Erstellung und Umgang, Forum Jugendhilfe, Kinderheimat Kleingartach & Sozialpolitische Einrichtung Cappelrain (Hrsg.), 16–22.

Warnke, A. (1995). Umschriebene Lese-Rechtschreibstörungen. In F. Petermann (Hrsg.), Lehrbuch der Klinischen Kinderpsychologie (287–323). Göttingen: Hogrefe.

Wiesner, R. (1991). Das neue Kinder- und Jugendhilfegesetz – Chance und Herausforderung für die Jugendhilfepraxis. Zentralblatt für Jugendrecht, 78 (7–8), 345–352.

World Health Organization (1988). Draft multiaxial classification of childpsychiatric disorders. Axis V: Associated abnormal psychosocial situations (MNH/PRO/86.1, Revision 1). Geneva: World Health Organisation.

Anhang A Abbildungsverzeichnis

Anhang B Tabellenverzeichnis

106

Anhang C Fragen des Interviewleitfadens

1.   Angaben zu Familie und Kind
        (zu Zeitpunkt 1, Korrekturen und Ergänzungen zu Zeitpunkt 2)

1.1   Alter bei HzE-Beantragung (Jahre; Monate)

1.2   Geschlecht

1.3   Personensorgerecht
1.3.1   Personensorgeberechtigt sind:
1.3.2   Wer hat das Aufenthaltsbestimmungsrecht?

1.4   Vorgeschichte
1.4.1   Geht es bei dem aktuellen Hilfeplan um die Neuaufnahme eines Falls oder um eine laufende Maßnahme, die jetzt durch eine andere Hilfeart ersetzt werden soll?
1.4.2   Wer hat das Jugendamt zuerst auf das aktuelle Problem aufmerksam gemacht?
1.4.3   Dauer des Kontaktes der Familie mit dem Jugendamt
1.4.3.1 Sind die antragstellenden Eltern dem Jugendamt (zum Zeitpunkt der Aufnahme des Falls) schon durch frühere Kontakte bekannt (gewesen)?
1.4.3.2 Sind auch vorangehende Generationen dem Jugendamt schon bekannt gewesen? Falls ja, seit wann?

1.5   Aktuelle soziale Betreuungsform des Kindes
1.5.1   Wer betreut das Kind zur Zeit?
1.5.2   Aktuelle pädagogische oder therapeutische Hilfen:

1.6   Aktuelle Familiensituation
1.6.1   Aus welchen Personen besteht derzeit die soziale Familie des Kindes?
1.6.2   Alter der Eltern:
1.6.3   Berufe der Eltern:
1.6.4   Derzeit ausgeübter Beruf bzw. Art des Einkommens der Eltern (z. B. geregelte Arbeit, Kurzarbeit, Sozialhilfe):
1.6.5   Falls das Kind nicht bei den leiblichen Eltern lebt oder nur bei einem leiblichen Elternteil lebt: Bestehen Kontakte des Kindes zu den leiblichen Eltern bzw. zu dem anderen leiblichen Elternteil? Falls ja, zu wem?
        Falls nein, warum nicht?

1.7 Schulausbildung des Kindes

1.7.1 Falls das Kind noch nicht schulpflichtig ist: Gegenwärtig besuchte sozial-pädagogische Einrichtung:

1.7.2 Schulbesuch

1.7.3 Gegenwärtig (bei Schulverweigerung oder -ausschluß: zuletzt) besuchter Schultyp:

1.7.4 Schulrückstand (wegen Zurückstellung und/oder Klassenwiederholung): Falls ja, _____ Jahre

1.8 Beschreibung der aktuellen Problematik in der Familie

1.8.1 Globale Definition der Problematik

1.8.1.1 Welches Verhalten des Kindes oder welches Problem hat Eltern, Kinder oder Dritte veranlaßt, sich an das Jugendamt zu wenden?

1.8.1.2 Welches Verhalten und/oder welche Situation des Kindes sind Ihrer Meinung nach das Kernproblem?

1.8.1.3 Welches Problem sehen Sie auf Seiten der Eltern bzw. der Familie?

1.8.2 Liegt Ihnen eine psychologische und/oder ärztliche Diagnose über das Kind vor? Falls ja:

1.8.2.1 Wie lautet sie?

1.8.2.2 Wer hat sie gestellt?

1.8.3 Wie sehen die Verhaltensauffälligkeiten des Kindes im Einzelnen aus? Worüber klagen die Eltern oder andere Erziehungspersonen genau? Welche Anzeichen weisen Ihrer Meinung nach auf eine gestörte Entwicklung des Kindes hin? [Vorgabe der CBCL, vgl. Anlage E]

1.8.4 Teilleistungsschwächen: Weist das Kind in einem bestimmten Leistungs- oder Funktionsbereich eine auffällige Schwäche auf, die weit von seinem allgemeinen Entwicklungs- bzw. Intelligenzniveau abweicht? Falls ja, welche? (Mehrfachnennungen möglich)

1.8.5 Intellektuelles Leistungsniveau

1.8.5.1 Falls zu beurteilen: Bitte beurteilen Sie das intellektuelle Leistungsniveau des Kindes!

1.8.5.2 Welche Kriterien haben Sie für die Beurteilung benutzt?

1.8.6 Liegen bei dem Kind körperliche Behinderungen oder Erkrankungen (wie z. B. Asthma, Stoffwechselerkrankung, Allergie) vor? Falls ja, welche?

1.8.7 Psychosoziale Belastungen. Gibt es in der jetzigen Lebenssituation des Kindes Umstände, die besonders belastend oder besonders ungünstig für die kindliche Entwicklung sind? Gibt es solche belastenden Umstände in der Familiensituation, oder (bei Schulkindern) in der Schule [vgl. Anlage D]?

1.8.8 Gesamtbeurteilung der Schwere des Problems gemäß der Skala zur Gesamtbeurteilung von Kindern und Jugendlichen (SGKJ, vgl. Anlage D) vorzunehmen am Ende dieses ersten Teils durch den Interviewer:

1.9	Interventionsvorerfahrungen der Betroffenen
1.9.1	Hat das Kind früher schon einmal Erfahrungen mit einer Erziehungs- oder therapeutischen Hilfe gemacht? Falls ja:
1.9.1.1	Worum handelte es sich bei der früheren Intervention? (Mehrfachnennungen möglich)
1.9.1.2	Wie alt war das Kind bei der ersten Hilfemaßnahme?
1.9.1.3	Wurde(n) die Maßnahme(n) planmäßig durchgeführt und beendet?
1.9.2	Haben die (sorgeberechtigten) Eltern mit diesem oder einem anderen Kind früher schon einmal Erfahrungen mit einer Hilfemaßnahme gemacht? Falls ja:
1.9.2.1	Um welche Hilfe(n) handelte es sich bei dem anderen Kind bzw. den anderen Kindern? (Mehrfachnennungen möglich)
1.9.2.2	Wurde(n) die Maßnahme(n) planmäßig durchgeführt und beendet?

2.	Grobplanung der aktuellen Hilfemaßnahme und Stand der Informationssammlung (zu Zeitpunkt 1)
2.1	Welche Hilfemaßnahmen oder -leistungen würden Sie zum gegenwärtigen Zeitpunkt und Ihrem derzeitigen Informationsstand zufolge für geeignet und sinnvoll halten? Bitte schildern Sie Ihre derzeitigen Vorstellungen so genau wie möglich!
2.2	Welche Personen oder Institutionen haben bisher Informationen zur Planung beigesteuert?
2.3	Wollen Sie vor der Entscheidung über die Art der zu leistenden Hilfe noch weitere Informationen oder Stellungnahmen einholen?
2.4	Einholung weiterer Informationen
2.4.1	Zu welchen Fragen benötigen Sie noch zusätzliche Informationen oder Stellungnahmen?
2.4.2	Welche Personen oder Institutionen wollen Sie hierzu befragen?
2.4.3	Von welchen Personen oder Institutionen erwarten Sie noch entscheidungsrelevante Informationen?

3.	Informationsstand nach Abschluß der aktuellen Hilfeplanung (zu Zeitpunkt 2)
3.1	Welche Personen oder Einrichtungen haben Sie seit unserem letzten Interview zusätzlich befragt?

3.2 Welche Informationen haben Sie aus diesen Befragungen zusätzlich gewonnen?

3.2.1 Haben Sie die Fragen klären können, die Sie zum Zeitpunkt unseres letzten Gesprächs noch hatten (vgl. Frage 2.4.1)?

3.2.2 Haben Sie noch weitere Informationen zur Problematik des Kindes und seiner Familie erhalten oder wurden frühere Informationen korrigiert?
[Fragen des ersten Teils noch einmal durchgehen!]

○ Korrekturen und/oder Ergänzungen zu den soziographischen Angaben zu Familie und Kind (Fragen 1.1–1.4):

○ Korrekturen und/oder Ergänzungen zur aktuellen Betreuung des Kindes (Frage 1.5):

○ Korrekturen und/oder Ergänzungen zur aktuellen Familiensituation (Frage 1.6):

○ Korrekturen und/oder Ergänzungen zum Schulstatus des Kindes (Frage 1.7):

○ Korrekturen und/oder Ergänzungen zur aktuellen Problematik (Frage 1.8) [CBCL entgegennehmen]:

○ Korrekturen oder Zusatzinformationen zu den Interventionsvorerfahrungen der Betroffenen (Frage 1.9):

3.3 Hat sich Ihre Sichtweise des Problems oder Ihre Einschätzung geeigneter Maßnahmen seit unserem letzten Gespräch wesentlich geändert?

3.3.1 Sichtweise des Problems, kindbezogen:

3.3.2 Sichtweise des Problems, eltern- bzw. familienbezogen:

3.3.3 Einschätzung geeigneter Maßnahmen:

4. Entscheidungsprozeß und Gespräche bis zum (vorläufigen) Abschluß der Hilfeplanung (zu Zeitpunkt 2)

4.1 Dauer des Entscheidungsprozesses:
Wieviele Wochen sind zwischen der ersten Kontaktaufnahme mit Ihnen wegen des Problems und dem Beginn der geplanten Maßnahme vergangen?

4.2 Welche Personen (mit welchen Funktionen) waren innerhalb des Jugendamtes an der Erstellung des Hilfeplanes beteiligt? An dieser Stelle sind auch Fachkräfte oder sonstige Dritte aufzuführen, falls sie an einer/der Team- bzw. Planungssitzung im Jugendamt teilgenommen haben.

4.3 Wie liefen die Entscheidungen ab? Bitte erzählen Sie den Ablauf des Entscheidungsprozesses! Ausgangspunkt: Sie als der zuständige Sachbearbeiter hatten alle für die Planung (bzw. das Planungsgespräch) notwendigen Informationen beisammen. Was ist dann passiert?

4.4   Welche Person oder welcher Personenkreis trägt letztlich die Verantwortung für die Entscheidungen der Hilfeplanung?

4.5   Wieviele Gespräche haben Sie bis zur Entscheidung über den Träger der Hilfemaßnahme mit den Eltern (und/oder dem Vormund) und dem Kind geführt? Wieviel Zeit haben diese etwa in Anspruch genommen?

4.5.1   Gespräche mit den Eltern (und/oder dem Vormund)

4.5.2   Gespräche mit dem Kind:

4.5.3   Gespräche mit den Eltern (und/oder dem Vormund) und dem Kind:

4.6   Wieviel Zeit haben die weiteren Gespräche oder Besprechungen, die Sie im Rahmen dieser Hilfeplanerstellung hatten, ungefähr in Anspruch genommen?

4.6.1   Besprechung(en) mit Schule/Kindergarten:

4.6.2   Besprechung(en) mit PsychologInnen, ÄrztInnen:

4.6.3   Besprechung(en) mit Trägern früherer Interventionen:

4.6.4   Besprechung(en) mit d. Träger der geplanten Intervention:

4.6.5   Besprechung(en) innerhalb des Jugendamtes:

4.6.6   Sonstige Besprechung(en):

4.7   Gibt es neben den Gesprächen und Besprechungen auch schriftliche Stellungnahmen oder Gutachten, auf die Sie sich bei der Erstellung des Hilfeplanes stützen konnten?

5.   Inhalt des aufgestellten Hilfeplans (zu Zeitpunkt 2)

5.1   Welches Problem steht im Mittelpunkt des Hilfeplans? Auf welche Problemdefinition konnten sich die Beteiligten einigen/nicht einigen?

5.2   Auf welche Art der Hilfe konnten sich die Beteiligten einigen (offene Beschreibung)?

5.3   Welche Betreuungsform wird angestrebt und warum?

5.3.1   Angestrebte Betreuungsform:

5.3.2   Gründe für die angestrebte Betreuungsform:

5.4   Welche Art der Beschulung oder der vorschulischen Förderung ist vorgesehen?

5.4.1   Ist eine Veränderung in der Art der Beschulung bzw. der vorschulischen Förderung vorgesehen?

5.4.2   Welcher Schultyp wird angestrebt und warum?
5.4.2.1   Welcher Schultyp wird angestrebt?
5.4.2.2   Warum wird dieser Schultyp angestrebt?
5.4.3   Intensive Schulförderung
5.4.3.1   Wird eine besondere Schulförderung angestrebt?
          Falls ja:
5.4.3.2   Warum wird eine besonders intensive Schulförderung angestrebt?

5.5   Psychotherapeutische und heilpädagogische Leistungen
5.5.1   Sind besondere therapeutische Maßnahmen vorgesehen?
          (z. B. Heilpädagogische Übungsbehandlung, Sprachheilbehandlung, Psychotherapie – welche Richtung, Familientherapie)
          Falls ja, welche?
5.5.2   Welche Ziele werden mit den einzelnen therapeutischen oder heilpädagogischen Leistungen verfolgt?

5.6   Sind Hilfen für die Verbesserung der Situation in der Familie vorgesehen?
          Falls ja:
5.6.1   Welche Hilfen sind vorgesehen?
5.6.2   Was soll mit diesen Hilfen erreicht werden?

5.7   Durchführung der Erziehungshilfe
5.7.1   Wer (Einrichtung, qualifizierte Person) soll die Maßnahmen durchführen?
5.7.2   Aus welchen Gründen wurde gerade dieser Durchführende (Einrichtung, Person) ausgewählt?
5.7.3   Charakterisieren Sie bitte die Einrichtung oder die Person mit wenigen Worten (Therapeutische Ausrichtung, Spezialisierung u. ä.)!

5.8   Zeitlicher Rahmen der Hilfe
5.8.1   Wie lange wird die Maßnahme Ihrer Meinung nach andauern müssen?
5.8.2   Falls das Kind im Rahmen der Hilfe von der eigenen Familie getrennt wird (also bei Vollzeitpflege oder Heimerziehung):
          Fragen zur Wiedereingliederung in die Familie:
5.8.2.1   Halten Sie eine Wiedereingliederung in die Familie für realistisch?
5.8.2.2   Für wann ist die Wiedereingliederung vorgesehen?
5.8.2.3   Welchen Wiedereingliederungszeitpunkt halten Sie für realistisch?
5.8.2.4   Wie soll die Wiedereingliederung vorbereitet werden?
5.8.3   Überprüfungszeitraum für eine mögliche Revision der Betreuung
5.8.3.1   Welcher Überprüfungszeitraum (bzw. Überprüfungstermin) ist geplant?
5.8.3.2   Um welchen Zeitraum wird es sich Ihrer Meinung nach realistischerweise handeln?

5.8.3.3 Ist mit der betreuenden Einrichtung/Person eine Probe- oder Beobachtungs-
zeit vereinbart worden?
Falls ja:
Ist in deren Anschluß eine Überprüfung der geplanten Hilfemaßnahme oder
eine Fortschreibung des Hilfeplans vorgesehen?

5.9 Bei vollstationärer Hilfe: Sind Regelungen zu Besuchskontakten oder Beurlaubungen geplant worden?
Falls ja, welcher Art (Kontaktpersonen, Häufigkeit)?
5.9.1 Regelungen zu Besuchskontakten
5.9.2 Regelungen zu Beurlaubungen

6. Perspektiven und Erwartungen der an der Erstellung des Hilfeplanes beteiligten Personen (zu Zeitpunkt 2)

6.1 Beteiligung und Perspektive des Kindes
6.1.1 War das Kind an Gesprächen im Rahmen der Hilfeplanung beteiligt?
Falls das Kind nicht beteiligt war: Warum nicht?
Falls das Kind an der Hilfeplanerstellung beteiligt war:
6.1.2 Berücksichtigung der Wünsche des Kindes
6.1.2.1 Hat das Kind irgendwelche Wünsche bezüglich der Hilfemaßnahme geäußert?
Falls ja, bezüglich welcher Fragen der Hilfeplanung? Konnten die Wünsche bei der Planung berücksichtigt werden
6.1.2.2 Auf welche Weise haben Sie versucht, Entscheidungen im Einvernehmen
mit dem Kind zu treffen?
6.1.3 Hat das Kind den Regelungen zugestimmt?
Warum?
6.1.4 Enthält der aufgestellte Hilfeplan Regelungen, gegen die das Kind Bedenken geäußert hat?
Falls ja: Bezüglich welcher Regelungen hat das Kind Bedenken geäußert
und warum?
6.1.5 Falls das Kind nicht hundertprozentig einverstanden war:
Sind Sie der Meinung, daß aufgrund mangelnder Zustimmung des Kindes
irgendwelche Probleme bei der Durchführung des Hilfeplanes entstehen
könnten?
Falls ja, welche?

6.2 Beteiligung und Perspektive der Personensorgeberechtigten (bzw. der leiblichen oder sonst der sozialen Eltern oder des Vormunds)
6.2.1 Perspektive der personensorgeberechtigten Mutter

6.2.1.1 Hat sie irgendwelche Wünsche bezüglich der Hilfemaßnahme geäußert?
Falls ja, bezüglich welcher Fragen der Hilfeplanung? Konnten ihre Wünsche bei der Planung berücksichtigt werden

6.2.1.2 Hat sie dem erstellten Hilfeplan zugestimmt?
Warum?

6.2.1.3 Enthält der aufgestellte Hilfeplan Regelungen, gegen die sie Bedenken geäußert hat?
Falls ja, welche?

6.2.1.4 Sind Sie der Meinung, daß aufgrund mangelnder Zustimmung der Mutter irgendwelche Probleme bei der Durchführung des Hilfeplanes entstehen könnten? ○ ja   ○ nein
Falls ja, welche?

6.2.2   Perspektive des personensorgeberechtigten Vaters

6.2.2.1 Hat er irgendwelche Wünsche bezüglich der Hilfemaßnahme geäußert?
Falls ja, bezüglich welcher Fragen der Hilfeplanung? Konnten seine Wünsche bei der Planung berücksichtigt werden

6.2.2.2 Hat er dem erstellten Hilfeplan zugestimmt?
Warum?

6.2.2.3 Enthält der aufgestellte Hilfeplan Regelungen, gegen die er Bedenken geäußert hat?
Falls ja, welche?

6.2.2.4 Sind Sie der Meinung, daß aufgrund mangelnder Zustimmung des Vaters irgendwelche Probleme bei der Durchführung des Hilfeplanes entstehen könnten?
Falls ja, welche?

6.3   Beteiligung und Perspektive der leiblichen Eltern (falls diese nicht sorgeberechtigt sind)

6.3.1   Perspektive der leiblichen Mutter

6.3.1.1 Hat sie irgendwelche Wünsche bezüglich der Hilfemaßnahme geäußert?
Falls ja, bezüglich welcher Fragen der Hilfeplanung? Konnten ihre Wünsche bei der Planung berücksichtigt werden?

6.3.1.2 Hat sie dem erstellten Hilfeplan zugestimmt?
Warum?

6.3.1.3 Enthält der aufgestellte Hilfeplan Regelungen, gegen die sie Bedenken geäußert hat?
Falls ja, welche?

6.3.1.4 Sind Sie der Meinung, daß aufgrund mangelnder Zustimmung der Mutter irgendwelche Probleme bei der Durchführung des Hilfeplanes entstehen könnten?
Falls ja, welche?

6.3.2   Perspektive des leiblichen Vaters

6.3.2.1 Hat er irgendwelche Wünsche bezüglich der Hilfemaßnahme geäußert? Falls ja, bezüglich welcher Fragen der Hilfeplanung? Konnten seine Wünsche bei der Planung berücksichtigt werden?

6.3.2.2 Hat er dem erstellten Hilfeplan zugestimmt? Warum?

6.3.2.3 Enthält der aufgestellte Hilfeplan Regelungen, gegen die er Bedenken geäußert hat? Falls ja, welche?

6.3.2.4 Sind Sie der Meinung, daß aufgrund mangelnder Zustimmung des Vaters irgendwelche Probleme bei der Durchführung des Hilfeplanes entstehen könnten? Falls ja, welche?

6.4   Beteiligung und Perspektive der durchführenden Einrichtung/Person

6.4.1   Wurde die Einrichtung bzw. Person an der Erstellung des Hilfeplanes beteiligt? Falls ja, in welcher Form?

6.4.2   Enthält der aufgestellte Hilfeplan Regelungen, gegen die die Einrichtung/ Person Bedenken geäußert hat? Falls ja:

6.4.2.1 Welche Bereiche betreffen die Regelungen, gegen die die Einrichtung/Person Bedenken geäußert hat?

6.4.2.2 Um welche Bedenken handelt es sich?

6.4.3   Glauben Sie, daß aufgrund mangelnder Zustimmung der Einrichtung/Person irgendwelche Probleme bei der Durchführung des Hilfeplanes entstehen könnten? Falls ja, welche?

6.5   Wurden ExpertInnen oder sonstige Dritte an der Erstellung des Hilfeplanes beteiligt? Falls ja: Wer wurde noch beteiligt?

6.5.1   Beteiligungsform

6.5.2   Enthält der aufgestellte Hilfeplan Regelungen, gegen die eine Expertin oder ein Experte oder eine dritte Person Bedenken geäußert hat? Falls ja:

6.5.2.1 Welche Bereiche betreffen die Regelungen, gegen die Bedenken geäußert wurden?

6.5.2.2 Wer äußerte welche Bedenken?

6.6   Erwartungen von Betroffenen und Jugendamt

6.6.1   Welche Erwartungen hat das Kind in Bezug auf den Hilfeplan geäußert?

6.6.2   Welche Erwartungen haben die Personensorgeberechtigten in Bezug auf diesen Hilfeplan geäußert?

6.6.3   Welche Erwartungen haben die leiblichen Eltern (sofern sie nicht sorge- berechtigt sind) in Bezug auf den Hilfeplan geäußert?

6.6.4   Welche Erwartungen haben Sie als Sozialarbeiter an den Hilfeplan?

7.   Bewertung des Hilfeplans (zu Zeitpunkt 2)

7.1   Sind Sie (als MitarbeiterIn des Jugendamtes) insgesamt mit den getroffe- nen Entscheidungen zufrieden?
Bitte schätzen Sie den Grad Ihrer Zufriedenheit mit den getroffenen Ent- scheidungen ein!

7.2   Welche Hilfemaßnahme hätten Sie als ideal für die Problemsituation dieses Kindes angesehen?
Falls diese nicht mit der tatsächlich gewählten Maßnahme übereinstimmt: Welches waren die Hinderungsgründe?

7.3   Welche weiteren Maßnahmen wären verfügbar gewesen, konnten aber aus Kostengründen nicht gewährt werden?

7.4   Halten Sie den Hilfeplan für diese Familie für geeignet?
Aus welchen Gründen?

7.5   Was vermuten Sie: Wie zufrieden sind die Beteiligten mit dem Hilfeplan? Schätzen Sie bitte ein:

7.5.1   Wie zufrieden ist das Kind Ihrer Einschätzung nach mit dem Hilfeplan?

7.5.2   Wie zufrieden sind die sorgeberechtigten Eltern (oder ggf. andere sorge- berechtigte Personen) Ihrer Einschätzung nach mit dem Hilfeplan?

7.5.2.1 Die sorgeberechtigte Mutter:

7.5.2.2 Der sorgeberechtigte Vater:

7.5.2.3 Andere sorgeberechtigte Person (Vormund):

7.5.3   Wie zufrieden sind andere Bezugspersonen des Kindes (falls es mehrere gibt: die beiden wichtigsten) Ihrer Einschätzung nach mit dem Hilfeplan?

7.6   Glauben Sie, daß die Maßnahme in der geplanten Weise durchgeführt wer- den kann?
Falls nein, warum nicht?

7.7   Prognosen

7.7.1   Verhalten des Kindes

7.7.1.1 Wie wird sich Ihrer Meinung nach das Verhalten des Kindes entwickeln, wenn die Empfehlungen des Hilfeplanes eingehalten werden?

7.7.1.2 Wie wird sich das Verhalten des Kindes Ihrer Meinung nach realistischerweise entwickeln?

7.7.2   Familiensituation

7.7.2.1 Wie wird sich die Familiensituation Ihrer Meinung nach entwickeln, wenn die Empfehlungen des Hilfeplanes eingehalten werden?

7.7.2.2 Wie wird sich Ihrer Meinung nach die Familiensituation realistischerweise entwickeln?
         Die Familiensituation wird (sich):

8.   Zusatzfragen zur Erstellung des Hilfeplanes (zu Zeitpunkt 2)

8.1   Wurde der Hilfeplan schriftlich festgehalten?
         Falls ja:
         In welcher Form wurde der Hilfeplan schriftlich dokumentiert?

8.2   Arbeitserfahrungen der Interviewpartnerin/des Interviewpartners
         Wie lange sind Sie bereits mit der Planung von Erziehungshilfen nach JWG und KJHG beschäftigt?

ANHANG D MAS-Achse 5

Abnorme psychosoziale Umstände

2 = trifft zu	8 = logisch nicht möglich
1 = nicht zutreffend, normal	9 = unbekannt, mangelnde Information

1.   Abnorme intrafamiliäre Beziehungen **1 8 9**

1.0   Mangel an Wärme in der Eltern-Kind-Beziehung   2   1   8   9

1.1   Disharmonie in der Familie zwischen Erwachsenen   2   1   8   9

1.2   Feindliche Ablehnung oder Sündenbockzuweisung gegenüber dem Kind   2   1   8   9

1.3   Körperliche Kindesmißhandlung   2   1   8   9

1.4   Sexueller Mißbrauch (innerhalb der Familie)   2   1   8   9

1.8   Andere: 2   1   8   9

2.   Psychische Störung, abweichendes Verhalten oder Behinderung in der Familie ...   **1 8 9**

2.0   Psychische Störung/abweichendes Verhalten eines Elternteils   2   1   8   9

2.1   Behinderung eines Elternteils   2   1   8   9

2.2   Behinderung der Geschwister   2   1   8   9

2.8   Andere: 2   1   8   9

3.   Inadäquate oder verzerrte intrafamiliäre Kommunikation **2   1   8   9**

4.   Abnorme Erziehungsbedingungen **1 8 9**

4.0   Elterliche Überfürsorge   2   1   8   9

4.1   Unzureichende elterliche Aufsicht und Steuerung   2   1   8   9

4.2   Erziehung, die eine unzureichende Erfahrung vermittelt   2   1   8   9

4.3   Unangemessene Anforderungen und Nötigungen durch die Eltern   2   1   8   9

4.8   Andere: 2   1   8   9

5.   Abnorme unmittelbare Umgebung **1 8 9**

5.0   Erziehung in einer Institution   2   1   8   9

5.1   Abweichende Elternsituation   2   1   8   9

5.2   Isolierte Familie   2   1   8   9

5.3   Lebensbedingungen mit möglicher psychosozialer Gefährdung   2   1   8   9

5.8   Andere: 2   1   8   9

6.   Akute, belastende Lebensereignisse **1 8 9**

6.0   Verlust einer liebevollen Beziehung   2   1   8   9

6.1   Bedrohliche Umstände infolge Fremdunterbringung   2   1   8   9

6.2   Negativ veränderte familiäre Beziehungen durch neue Familienmitglieder   2   1   8   9

6.3   Ereignisse, die zur Herabsetzung der Selbstachtung führen   2   1   8   9

6.4   Sexueller Mißbrauch (außerhalb der Familie)   2   1   8   9

6.5   Unmittelbare, beängstigende Erlebnisse   2   1   8   9

6.8   Andere: 2   1   8   9

7.   Gesellschaftliche Belastungsfaktoren **1 8 9**

7.0   Verfolgung oder Diskriminierung   2   1   8   9

7.1   Migration oder soziale Verpflanzung   2   1   8   9

7.8   Andere: 2   1   8   9

8. **Chronische zwischenmenschliche Belastungen im Zusammenhang mit Schule oder Arbeit** 1 8 9

  8.0 Streitbeziehungen mit Schülern/Mitarbeitern 2 1 8 9

  8.1 Sündenbockzuweisung durch Lehrer/Ausbilder 2 1 8 9

  8.2 Allgemeine Unruhe in der Schule bzw. Arbeitssituation 2 1 8 9

  8.8 Andere: 2 1 8 9

9. **Belastende Lebensereignisse/Situationen infolge von Verhaltensstörungen/ Behinderungen des Kindes** 1 8 9

  9.0 Institutionelle Erziehung 2 1 8 9

  9.1 Bedrohliche Umstände, infolge Fremdunterbringung 2 1 8 9

  9.2 Abhängige Ereignisse, die zur Herabsetzung der Selbstachtung führen 2 1 8 9

  9.8 Andere: 2 1 8 9

09 **Die drei bedeutsamsten psychosozialen Umstände in gewichteter Rangfolge**

  1 └─┴─┘   2 └─┴─┘   3 └─┴─┘

10 **Skala zur Gesamtbeurteilung von Kindern und Jugendlichen (SGKJ)**
  (nach Shaffer und Mitarbeitern [Steinhausen 1985] − Revision Köln 1989)

  Beurteilung am Behandlungsende

  88 | | Keine Behandlung

  10 | | Herausragende Funktionen auf allen Gebieten

  9 | | Gute Funktionen auf allen Gebieten

  8 | | Nicht mehr als leichte Funktionsbeeinträchtigung zu Hause, in der Schule oder mit Gleichaltrigen

  7 | | Einige Schwierigkeiten in einem Gebiet, aber im allgemeinen recht gute Funktionen

  6 | | Variable Funktionen mit sporadischen Schwierigkeiten oder Symptomen in mehreren, aber nicht allen sozialen Bereichen

  5 | | Mittelgradige Beeinträchtigung von Funktionen in den meisten sozialen Bereichen oder starke Beeinträchtigung in einem Gebiet

  4 | | Stärkere Beeinträchtigung von Funktionen auf mehreren Gebieten und Unfähigkeit zur Funktion in einem dieser Gebiete

  3 | | Unfähigkeit zur Funktion auf fast allen Gebieten

  2 | | Braucht beträchtliche Betreuung

  1 | | Braucht beständige Betreuung (24h-Versorgung)

11 **Belastungsfaktoren**

  1 □ mangelnde berufliche Bildung des Haushaltsvorstandes

  2 □ beengte Wohnverhältnisse

  3 □ psychische Erkrankung der Hauptbezugsperson

  4 □ disharmonische Beziehung der Eltern bzw. alleinerziehender Elternteil

  (1 = trifft nicht zu, 2 = trifft zu)

ANHANG E Child Behavior Check List (CBCL)

CBCL   Fragebogen für Eltern/Erzieher

Im folgenden finden Sie eine Reihe von Aussagen über bestimmte Verhaltensweisen,
die auf Ihr Kind zutreffen könnten. Prüfen Sie bitte bei jeder Aussage, ob sie
auf Ihr Kind jetzt oder innerhalb der letzten 6 Monate zutrifft. Wenn das Verhalten
Ihr Kind ziemlich genau kennzeichnet oder häufig auftritt, kreuzen Sie bitte die 2 an.
Wenn die Aussage etwas oder manchmal zutrifft, kreuzen Sie bitte die 1 an. Wenn Ihr
Kind das Verhalten nicht zeigt (nicht zutreffend), so kreuzen Sie bitte die 0 an.

	nicht zu-treffend	etwas/manchmal	genau/häufig
1. Verhält sich zu jung für sein/ihr Alter...................	0	1	2
2. Leidet unter einer Allergie............................	0	1	2
Bitte beschreiben:_____			
3. Streitet (widerspricht, motzt)...........................	0	1	2
4. Leidet unter Asthma....................................	0	1	2
5. Bei Jungen: verhält sich wie ein Mädchen..................	0	1	2
Bei Mädchen: verhält sich wie ein Junge..................	0	1	2
6. Kotet ein...	0	1	2
7. Gibt an, schneidet auf (prahlt)..........................	0	1	2
8. Kann sich nicht konzentrieren, läßt sich leicht ablenken..	0	1	2
9. Kommt von bestimmten Gedanken nicht los..................	0	1	2
Bitte beschreiben:_____			
10. Kann nicht still sitzen, ist zappelig, zu aktiv..........	0	1	2
11. Ist für sein/ihr Alter zu abhängig von Erwachsenen........	0	1	2
12. Beklagt sich über Alleinsein, fühlt sich einsam...........	0	1	2
13. Ist verwirrt oder zerstreut.............................	0	1	2
14. Weint leicht...	0	1	2
15. Ist grausam zu Tieren..................................	0	1	2
16. Ist gemein, rücksichtslos, schüchtert andere ein..........	0	1	2
17. Hat Tagträume, ist gedankenverloren......................	0	1	2
18. Hat sich absichtlich verletzt oder Selbstmord versucht....	0	1	2
19. Fordert viel Aufmerksamkeit und Beachtung................	0	1	2
20. Macht seine/ihre Sachen kaputt..........................	0	1	2
21. Macht Sachen kaputt, die anderen gehören.................	0	1	2
22. Ist zu Hause/den Eltern gegenüber ungehorsam..............	0	1	2
23. Ist in der Schule ungehorsam............................	0	1	2
24. Ißt schlecht...	0	1	2
25. Kommt mit anderen im gleichen Alter nicht aus.............	0	1	2
26. Fühlt sich nicht schuldig, wenn er/sie etwas Unerlaubtes getan hat...	0	1	2
27. Wird leicht eifersüchtig...............................	0	1	2
28. Ißt oder trinkt Dinge, die keine Nahrungsmittel sind......	0	1	2
Bitte beschreiben:_____			
29. Fürchtet sich vor bestimmten Tieren, Situationen oder Plätzen (Schule ausgenommen)...........................	0	1	2
Bitte beschreiben:_____			
30. Hat Angst, in die Schule zu gehen.......................	0	1	2

	nicht zu- treffend	*was/ chmal	genau/ häufig
31. Befürchtet, er/sie könnte etwas Schlimmes denken oder tun.	0	1	2
32. Glaubt, perfekt sein zu müssen............................	0	1	2
33. Fühlt oder sagt, daß niemand ihn/sie mag..................	0	1	2
34. Glaubt, andere wollten ihm/ihr etwas antun...............	0	1	2
35. Fühlt sich wertlos oder unterlegen.......................	0	1	2
36. Zieht sich ungewollt Verletzungen zu, neigt zu Unfällen...	0	1	2
37. Gerät leicht in Raufereien, Schlägereien.................	0	1	2
38. Wird gehänselt...	0	1	2
39. Hat Umgang mit Jungen/Mädchen, die Probleme oder Schere- reien bereiten...	0	1	2
40. Hört etwas, das nicht da ist.............................	0	1	2
Bitte beschreiben:_____			
41. Handelt, ohne zu überlegen, ist impulsiv.................	0	1	2
42. Ist gern allein..	0	1	2
43. Lügt, schwindelt oder betrügt............................	0	1	2
44. Kaut an den Fingernägeln.................................	0	1	2
45. Ist nervös, reizbar oder gespannt........................	0	1	2
46. Leidet unter Zuckungen (Tics) oder nervösen Bewegungen....	0	1	2
Bitte beschreiben:_____			
47. Hat Alpträume..	0	1	2
48. Ist bei anderen Kindern/Jugendlichen nicht beliebt.......	0	1	2
49. Leidet an Verstopfung, hat keinen Stuhlgang..............	0	1	2
50. Ist zu furchtsam oder ängstlich..........................	0	1	2
51. Ihm/ihr wird leicht schwindelig..........................	0	1	2
52. Hat starke Schuldgefühle.................................	0	1	2
53. Ißt zuviel..	0	1	2
54. Ist übermüdet..	0	1	2
55. Hat Übergewicht..	0	1	2
56. Körperliche Beschwerden ohne bekannte medizinische Ursache (der Arzt hat nichts gefunden):			
a) Schmerzen...	0	1	2
b) Kopfweh...	0	1	2
c) Übelkeit, Unwohlsein..................................	0	1	2
d) Augenbeschwerden. Bitte beschreiben:..................	0	1	2
_____			
e) Hautausschläge oder andere Hautprobleme...............	0	1	2
f) Magenschmerzen oder Bauchkrämpfe......................	0	1	2
g) Erbrechen, Würgen.....................................	0	1	2
h) andere Beschwerden. Bitte beschreiben:................	0	1	2
_____			
57. Greift andere körperlich an..............................	0	1	2
58. Bohrt in der Nase, zupft an der Haut oder anderen Körper- stellen...	0	1	2
Bitte beschreiben:_____			
59. Spielt in der Öffentlichkeit an den Geschlechtsteilen.....	0	1	2
60. Spielt zuviel an seinen/ihren Geschlechtsteilen..........	0	1	2

	nicht zu- treffend	etwas/ manchmal	genau/ häufig
61. Ist schlecht in der Schule..............................	0	1	2
62. Ist körperlich unbeholfen oder schwerfällig...............	0	1	2
63. Ist lieber mit Älteren als mit Gleichaltrigen zusammen....	0	1	2
64. Ist lieber mit Jüngeren als mit Gleichaltrigen zusammen...	0	1	2
65. Will nicht reden...	0	1	2
66. Wiederholt bestimmte Handlungen immer wieder (wie unter Zwang)... Bitte beschreiben:_____	0	1	2
67. Ist von zu Hause weggelaufen.............................	0	1	2
68. Schreit laut, kreischt....................................	0	1	2
69. Ist verschlossen, behält Dinge für sich...................	0	1	2
70. Sieht Dinge, die nicht da sind........................... Bitte beschreiben:_____	0	1	2
71. Ist befangen oder wird leicht verlegen....................	0	1	2
72. Zündelt gern bzw. hat schon etwas angesteckt.............	0	1	2
73. Hat sexuelle Probleme..................................... Bitte beschreiben:_____	0	1	2
74. Produziert sich gern, kaspert herum, macht Faxen.........	0	1	2
75. Ist schüchtern oder zaghaft..............................	0	1	2
76. Schläft weniger als die meisten Gleichaltrigen...........	0	1	2
77. Schläft tagsüber und/oder nachts mehr als die meisten Gleichaltrigen. Bitte genauer beschreiben:............... _____	0	1	2
78. Schmiert oder spielt mit Kot.............................	0	1	2
79. Hat Probleme mit dem Sprechen............................ Bitte beschreiben:_____	0	1	2
80. Starrt ins Leere oder vor sich hin.......................	0	1	2
81. Hat zu Hause gestohlen...................................	0	1	2
82. Hat anderswo (nicht zu Hause) etwas gestohlen.............	0	1	2
83. Hortet Dinge, die er/sie nicht braucht................... Bitte beschreiben:_____	0	1	2
84. Verhält sich seltsam / eigenartig........................ Bitte beschreiben:_____	0	1	2
85. Hat seltsame Gedanken / Ideen............................ Bitte beschreiben:_____	0	1	2
86. Ist eigensinnig, mürrisch oder dickköpfig................	0	1	2
87. Zeigt plötzliche Stimmungs- oder Gefühlswechsel..........	0	1	2
88. Schmollt / motzt leicht..................................	0	1	2
89. Ist mißtrauisch..	0	1	2
90. Flucht oder gebraucht schmutzige Ausdrücke...............	0	1	2
91. Hat schon davon gesprochen / daran gedacht sich umzubringen	0	1	2
92. Redet oder wandelt im Schlaf............................. Bitte beschreiben:_____	0	1	2
93. Redet zuviel...	0	1	2
94. Hänselt andere gern......................................	0	1	2
95. Hat Wutausbrüche, wird leicht jähzornig / reizbar.........	0	1	2

	nicht zu- treffend	etwas/ manchmal	genau/ häufig
96. Denkt zuviel an Sex...........................	0	1	2
97. Bedroht andere / will sie verletzen..............	0	1	2
98. Lutscht am Daumen...............................	0	1	2
99. Ist zu sehr auf Ordentlichkeit oder Sauberkeit bedacht...	0	1	2
100. Hat Schlafstörungen............................	0	1	2
Bitte beschreiben:_____			
101. Schwänzt die Schule............................	0	1	2
102. Hat nicht genug Energie, ist zu langsam oder träge.......	0	1	2
103. Ist unglücklich, traurig oder niedergeschlagen...........	0	1	2
104. Ist ungewöhnlich laut..........................	0	1	2
105. Trinkt Alkohol, nimmt Drogen oder mißbraucht Medikamente	0	1	2
Bitte beschreiben:_____			
106. Richtet mutwillig Zerstörungen an...............	0	1	2
107. Näßt tagsüber ein..............................	0	1	2
108. Näßt im Bett ein...............................	0	1	2
109. Jammert und quengelt...........................	0	1	2
110. Möchte gerne vom anderen Geschlecht sein...............	0	1	2
111. Zieht sich zurück, nimmt keinen Kontakt zu anderen auf...	0	1	2
112. Macht sich Sorgen..............................	0	1	2
113. Beklagt sich darüber, daß die Essensmenge zu groß oder zu kalorienreich (mästend) ist........................	0	1	2
114. Vermeidet gemeinsames Essen mit anderen oder zögert es solange wie möglich hinaus, zu Tisch zu kommen...........	0	1	2
115. Erbricht nach den Mahlzeiten...........................	0	1	2
116. Behauptet, ohne Rücksicht auf einen Gewichtsverlust, zu fett zu sein..	0	1	2
117. Spricht oft über Schlanksein, Fasten oder ideale Körperformen...	0	1	2
118. Äußert selten Gefühle von Hunger, obwohl er/sie sehr schlank ist....................................	0	1	2
119. Zeigt blitzartiges Grimassieren (z.B. Augenblinzeln, Wangenhochziehen, Schnauzbewegungen, Mundaufsperren).....	0	1	2
120. Wirft blitzartig den Kopf zur Seite (Kopfrucken) oder zeigt wiederkehrendes Arm- bzw. Schulterzucken...........	0	1	2
121. Stößt plötzlich und ohne ersichtlichen Grund Laute bzw. Geräusche (z.B. Grunzen, Räuspern) aus..................	0	1	2
122. Muß Dinge bzw. Personen immer wieder rasch antippen......	0	1	2
123. Bitte beschreiben Sie hier Probleme Ihres Kindes, die bisher noch nicht erwähnt wurden:			

_____

_____

_____

_____

Bitte überprüfen Sie nochmal, ob Sie auch alle Fragen beantwortet haben. Danke !

In dieser Reihe sind bereits erschienen:

Beiträge zur Erziehungshilfe 1
Schwerpunktverlagerungen in der Jugendhilfe
1987, 104 Seiten, kart., DM 14,– / öS 109,– / sFr 14,90 (vergriffen)

Beiträge zur Erziehungshilfe 2
Verbundsysteme in der Jugendhilfe
1988, 64 Seiten, kart., DM 7,50 / öS 56,– / sFr 8,–

Beiträge zur Erziehungshilfe 3
Tagesgruppen
2., aktualisierte Auflage 1992, 48 Seiten, kart., DM 10,– / öS 74,– / sFr 10,70

Beiträge zur Erziehungshilfe 4
Familienarbeit in der Heimerziehung
2. Auflage 1992, 72 Seiten, mit Abbildungen, kart., DM 12,– / öS 89,– / sFr 12,80

Beiträge zur Erziehungshilfe 5
Berufsbildung und Jugendhilfe
1990, 72 Seiten, kart., DM 12,– / öS 89,– / sFr 12,80

Beiträge zur Erziehungshilfe 6
Erziehung zur Selbständigkeit
1990, 32 Seiten, kart., DM 7,50 / öS 56,– / sFr 8,–

Beiträge zur Erziehungshilfe 7
Stationäre Erziehungshilfe für Mädchen
1990, 100 Seiten, kart., DM 14,– / öS 104,– / sFr 14,90

Beiträge zur Erziehungshilfe 8
Die Tagesheimgruppe und ihre Arbeitsfelder
1992, 124 Seiten, mit Abbildungen, kart., DM 16,– / öS 119,– / sFr 17,–

Beiträge zur Erziehungshilfe 9
Kleine Kinder im Heim
1994, 108 Seiten, kart., DM 16,– / öS 119,– / sFr 17,–

Beiträge zur Erziehungshilfe 10
Der Hilfeplan nach § 36 KJHG
2., erweiterte Auflage 1995, 125 Seiten, kart., DM 18,– / öS 133,– / sFr 18,–

Beiträge zur Erziehungshilfe 11
Heimerziehung als Dienst der Kirche
1995, 46 Seiten, kart., DM 11,– / öS 82,– / sFr 11,–

Herausgeber der Reihe:
Verband katholischer Einrichtungen der Heim- und Heilpädagogik e.V. in Freiburg.